Soziale Arbeit in der Gesellschaft

Die Reihe »Soziale Arbeit in der Gesellschaft« macht es sich zur Aufgabe, die gesellschaftlichen Themen aufzubereiten, die eine besondere Bedeutung für die Soziale Arbeit haben – vom Recht auf Unterstützung über Teilhabe bis hin zu sozialen Problemlagen wie Armut. Die einzelnen Bände liefern das Grund- und Orientierungswissen, das Studierende und Sozialarbeiter:innen benötigen, um eine professionelle Haltung zu entwickeln und ihren Adressat:innen auf Augenhöhe zu begegnen.

Eine Übersicht aller lieferbaren und im Buchhandel angekündigten Bände der Reihe finden Sie unter:

 https://shop.kohlhammer.de/soziale-arbeit-in-der-gesellschaft.html

Der Autor

Prof. Dr. Harald Ansen ist Diplom-Sozialpädagoge und Hochschullehrer für Theorien und Methoden der Sozialen Arbeit an der Hochschule für Angewandte Wissenschaften Hamburg. Er lehrt und forscht in den Bereichen Armut und soziale Teilhabe sowie Beratung in der Sozialen Arbeit.

Harald Ansen

Das Recht auf Unterstützung

Sozialanwaltschaft als Auftrag
der Sozialen Arbeit

Verlag W. Kohlhammer

Dieses Werk einschließlich aller seiner Teile ist urheberrechtlich geschützt. Jede Verwendung außerhalb der engen Grenzen des Urheberrechts ist ohne Zustimmung des Verlags unzulässig und strafbar. Das gilt insbesondere für Vervielfältigungen, Übersetzungen, Mikroverfilmungen und für die Einspeicherung und Verarbeitung in elektronischen Systemen.

Die Wiedergabe von Warenbezeichnungen, Handelsnamen und sonstigen Kennzeichen in diesem Buch berechtigt nicht zu der Annahme, dass diese von jedermann frei benutzt werden dürfen. Vielmehr kann es sich auch dann um eingetragene Warenzeichen oder sonstige geschützte Kennzeichen handeln, wenn sie nicht eigens als solche gekennzeichnet sind.

Es konnten nicht alle Rechtsinhaber von Abbildungen ermittelt werden. Sollte dem Verlag gegenüber der Nachweis der Rechtsinhaberschaft geführt werden, wird das branchenübliche Honorar nachträglich gezahlt.

Dieses Werk enthält Hinweise/Links zu externen Websites Dritter, auf deren Inhalt der Verlag keinen Einfluss hat und die der Haftung der jeweiligen Seitenanbieter oder -betreiber unterliegen. Zum Zeitpunkt der Verlinkung wurden die externen Websites auf mögliche Rechtsverstöße überprüft und dabei keine Rechtsverletzung festgestellt. Ohne konkrete Hinweise auf eine solche Rechtsverletzung ist eine permanente inhaltliche Kontrolle der verlinkten Seiten nicht zumutbar. Sollten jedoch Rechtsverletzungen bekannt werden, werden die betroffenen externen Links soweit möglich unverzüglich entfernt.

1. Auflage 2022

Alle Rechte vorbehalten
© W. Kohlhammer GmbH, Stuttgart
Gesamtherstellung: W. Kohlhammer GmbH, Stuttgart

Print:
ISBN 978-3-17-036700-5

E-Book-Formate:
pdf: ISBN 978-3-17-036701-2
epub: ISBN 978-3-17-036702-9

Zur Reihe »Soziale Arbeit in der Gesellschaft«

Unsere Gesellschaft wird immer mehr von inneren Spannungen geprägt: Armut, eingeschränkte Teilhabe, soziale Ungleichheit oder auch Rassismus und Gewalt sind nur einige Themen, die immer wieder hitzig diskutiert werden. In diesem Debattenklima ist es schwierig zu einer faktenbasierten Bewertung dieser Problemlagen zu kommen, die einer sorgfältigen und nachprüfbaren theoretischen Begründung nicht entbehren. Gerade Sozialarbeiterinnen und Sozialarbeiter sind auf solche wissenschaftliche Analysen angewiesen – schließlich sind sie es, die täglich in ihrer Arbeitspraxis mit diesen Problemen und Debatten konfrontiert werden.

Solche Analysen bietet die Reihe »Soziale Arbeit in der Gesellschaft«. In klarer, verständlicher Sprache beantworten die einzelnen Bände für die Soziale Arbeit grundlegende Fragen: Welche Bedeutung haben die Problemlagen für die Gesellschaft und welche Herausforderungen sind damit für die Soziale Arbeit verbunden? In welchen Arbeitsfeldern der Sozialen Arbeit spielen sie eine Rolle? Welche Kompetenzen benötigen Sozialarbeiterinnen und Sozialarbeiter und wie können sie diese entwickeln? Und: Wie kann die Soziale Arbeit unterstützen, welche gesellschaftlichen Ziele verfolgt sie dabei und welche Handlungsansätze haben sich dafür bewährt oder müssen noch erarbeitet werden?

Die einzelnen Bände basieren auf einem breiten sozialwissenschaftlichen Fundament. Sie wollen dazu beitragen, Studierende und Fachkräfte der Sozialen Arbeit zu einer kritischen Auseinandersetzung mit einschlägigen Handlungsfeldern und Arbeitsansätzen einschließlich ihrer professionellen Haltung anzuregen.

Vorwort

Angetrieben, ein Buch über »Das Recht auf Unterstützung« zu schreiben, haben mich u. a. Gespräche mit Prakter:innen der Sozialen Arbeit. Sie berichten von Adressat:innen, die nicht nur nicht auf Ressourcen zurückgreifen können, sondern Probleme haben, bei deren Lösung sie auf teilweise umfängliche Unterstützung angewiesen sind. Sie auf ihre Eigenverantwortung, auf ihre Eigenzuständigkeit, auf ihre Aktivierungspotenziale zu verweisen kann auch zynisch sein. Das Recht auf Unterstützung, so lassen sich die Eindrücke zusammenfassen, darf nicht gegen eine überzogene Ressourcenvorstellung aufseiten der Adressat:innen ausgespielt werden.

Menschen darin zu unterstützen, ihre Rechte auf Dienst-, Sach- und Geldleistungen im Sozialstaat wahrzunehmen ist eine vornehme Aufgabe der Sozialen Arbeit, die im gegenwärtigen Theorie- und Methodendiskurs eher zu kurz kommt. Formale Ansprüche spiegeln längst noch nicht die Wirklichkeit. Gerade von Armut und Ausgrenzung betroffene Gruppen stoßen auf vielfältige Barrieren auf dem Weg zu ihrem Recht auf Unterstützung, ihnen fehlen nicht selten Erfahrungen, Kenntnisse, Kompetenzen, Ermutigungen im persönlichen Umfeld und vor allem Macht, eigene Interessen zu vertreten (vgl. Wrase et al. 2021, 48f.). In der Unterstützung der Adressat:innen, ihr Rechte wahrzunehmen, kommt, vielleicht altmodisch anmutend, konkrete Solidarität zum Ausdruck, die der Sozialen Arbeit gut zu Gesicht steht.

Die Auseinandersetzung mit dem Recht auf Unterstützung führen zu methodischen Vorstellungen über Sozialanwaltschaft. Adressat:innen, die sich zuweilen wie der Mann vom Lande in der Erzählung »Vor dem Gesetz« von Franz Kafka fühlen, der sein Leben lang an der ersten Schwelle zum Gesetz verharrt und auf Einlass hofft, brauchen Unterstützung. Die Androhung des untersten Türstehers in der Erzählung, dass der Mann bei dem Versuch, seinen Weg durch das Gesetz zu finden, auf weitere Türsteher treffen würde, deren Anblick man nicht ertragen könne, schrecken ab. Die Soziale Arbeit steht im Recht auf Unterstützung an der Seite der Adressat:innen, sie macht keine gemeinsame Sache mit den Türstehern, sondern weist diese in ihre Grenzen und nimmt dem Gesetz seinen Schrecken.

Hamburg, im Oktober 2021
Harald Ansen

Inhalt

Zur Reihe »Soziale Arbeit in der Gesellschaft« 5

Vorwort 7

1 Einleitung 11

2 Zum sozialstaatlichen Verständnis von Unterstützung
   in wirtschaftlich und sozial prekären Lebenslagen 15
   2.1 Grundverständnis von Armut 16
   2.2 Armut und soziale Teilhabe in einer
       mehrdimensionalen Perspektive 22
   2.3 Sozialstaatliches Unterstützungsverständnis 32
   2.4 Unterstützungsspielräume im Sozialstaat 35

3 Infragestellung des Rechts auf Unterstützung im
   aktivierenden Sozialstaat 45
   3.1 Das Recht auf Unterstützung im aktivierenden
       Sozialstaat 46
   3.2 Instrumentalisierung der Empowermentidee 60
   3.3 Ambivalente Facetten von Hilfe 66

4 Gegenstand der Unterstützung aus
   sozialarbeitstheoretischer Perspektive 77
   4.1 Internationale Perspektive auf den Gegenstand
       der Sozialen Arbeit 78
   4.2 Emanzipatorische Perspektive auf den Gegenstand
       der Sozialen Arbeit 80

	4.3	Subjekt- und ortstheoretische Perspektive auf den Gegenstand der Sozialen Arbeit	83
	4.4	Lebensweltheoretische Perspektive auf den Gegenstand der Sozialen Arbeit	87
	4.5	Lebensbewältigungstheoretische Perspektive auf den Gegenstand der Sozialen Arbeit	91
	4.6	Sozialökologische Perspektive auf den Gegenstand der Sozialen Arbeit	95
	4.7	Systemisch-prozessuale Perspektive auf den Gegenstand der Sozialen Arbeit	99
	4.8	Perspektive der daseinsmächtigen Lebensführung auf den Gegenstand der Sozialen Arbeit	104
	4.9	Konturen der Unterstützung in der Sozialen Arbeit	107
5		**Sozialanwaltliche Dimensionen der Sozialen Arbeit**	**115**
	5.1	Grundverständnis von Sozialanwaltschaft	116
	5.2	Handeln im Auftrag der Adressat:innen	118
	5.3	Sozialanwaltliches Handeln und das Risiko des Paternalismus	126
	5.4	Methodische Aspekte der sozialanwaltlichen Praxis auf der Fallebene	135
	5.5	Methodische Aspekte der sozialanwaltlichen Praxis auf der strukturellen Ebene	149
6		**Ausblick**	**156**
Literatur			**159**

1 Einleitung

In der aktuellen Sozialstaatsdiskussion wird die Auseinandersetzung über Unterstützungsleistungen überwiegend auf fiskalische Aspekte reduziert, beispielsweise wird über die Höhe der Grundsicherungsleistungen seit Jahren gestritten. In dieser Engführung wird verkannt, dass es in einer erweiterten Sichtweise um sozialrechtlich geregelte Dienst-, Sach- und Geldleistungen geht, die je nach den konkreten Lebensumständen der Leistungsberechtigten zu kombinieren sind. Die Soziale Arbeit ist in diesem Rahmen insbesondere dann gefordert, wenn Probleme nicht mit standardisierten Programmen gelöst werden können. Die kooperative Gestaltung der Sozialleistungen gemeinsam mit den Adressat:innen stößt immer häufiger an Finanzierungsgrenzen, die das Recht auf Unterstützung in Bezug auf den erforderlichen Umfang und die gebotene Qualität gerade für Menschen in armutsgeprägten Lebensumständen problematisch werden lassen.

Die Analyse der Rahmenbedingungen des Rechts auf Unterstützung aus der Perspektive der Sozialen Arbeit setzt an den sozialstaatlichen Grundlagen an, die nicht in ihrer bestehenden Form affirmativ nachvollzogen, sondern als Gestaltungsaufgabe wahrgenommen werden. Im Mittelpunkt stehen Unterstützungsrechte in armutsgeprägten Lebenslagen, die in vielen sozialarbeiterischen Arbeitsfeldern eine zentrale Rolle spielen. Gerade im Armutbereich fällt auf, dass die Interventionsschwellen für unterstützende Maßnahmen immer höher gelegt worden sind. Menschen werden zuweilen über Gebühr auf Eigenkräfte verwiesen, über die sie gar nicht verfügen. Dies impliziert weitreichende Risiken bis hin zu vermeidbaren Erkrankungen und einer Verfestigung prekärer Lebensumstände. Gerade Menschen in Notsituationen sind jedoch wegen ihrer vielfach verringerten Handlungsmöglichkeiten auf aktive und leicht erreichbare Unterstützungsleistungen angewiesen, ihnen fällt es besonders schwer, Zugangsbarrieren zu überwinden. In den folgenden Überlegungen werden Gründe für diese Entwicklung analysiert und daraus Konsequenzen für die Soziale Arbeit abgeleitet.

Im *zweiten Kapitel* wird das sozialstaatliche Unterstützungsverständnis in wirtschaftlich und sozial prekären Lebenslagen erörtert und damit der Rahmen für unterstützende Angebote der Sozialen Arbeit abgesteckt. Die Analyse von Armut und zentralen Konsequenzen für die Betroffenen in ihrem Alltag verweist bereits auf sozialanwaltliche Herausforderungen für die Soziale Arbeit in Bezug auf das Recht auf Unterstützung. Hierbei geht es insbesondere um die kritische Auseinandersetzung mit sozialpolitischen Armutsgrenzen, Modellen der Erfassung von Armut und sozialstaatlichen Interventionsschwellen, auf die im Interesse fairer sozialer Teilhabechancen Einfluss ausgeübt werden sollte. Das sozialstaatliche Gefüge, ausgehend vom aktuellen Unterstützungsverständnis in Gestalt von Dienst-, Sach- und Geldleistungen, liefert dafür eine breite Grundlage. Ethische Erwägungen der Leistungserbringung werden in diesem Kapitel mit empirischen Befunden über den Sozialstaat handlungsorientiert verknüpft (▶ Kap. 2).

Das Spektrum des sozialstaatlichen Unterstützungsverständnisses wird besonders im Armutbereich zunehmend infrage gestellt. Um die Hintergründe dieser Entwicklung geht es im *dritten Kapitel*. Die negativen Implikationen des sogenannten aktivierenden Sozialstaats für das Recht auf Unterstützung resultieren aus seiner immer rigideren Erwerbsorientierung, die in der systematischen Architektur nicht zwingend angelegt ist. Eigenverantwortung und ein verengtes Verständnis von Subsidiarität, die Ausblendung struktureller Faktoren für Armut und Erwerbslosigkeit und eine zunehmend moralische Argumentation im Umgang mit auf Unterstützung angewiesenen Menschen prägen das Bild. Für die Infragestellung des Rechts auf Unterstützung wird auch die Empowermentidee vereinnahmt. In einer (neo-)liberal verkürzten Lesart unter Vernachlässigung der politischen Hintergründe des Ansatzes werden Eigenkräfte, Ressourcen und Kompetenzen betont, während Probleme und Beeinträchtigungen nicht mehr benannt werden. Dass aber die Benennung von Problemen für den Zugang zu einer Reihe von Unterstützungsleistungen ausschlaggebend ist, bleibt in dieser Argumentation auf der Strecke. Wenn Empowerment primär subjektbezogen verstanden wird, bleiben überdies die für Ermächtigungsprozesse wichtigen strukturellen Faktoren in der Betrachtung außen vor. Von der Instrumentalisierung der Empowermentidee ist der Weg nicht weit, Hilfen infrage zu stellen. Für die politische Ablehnung professioneller Unterstützung werden u. a. romantisierende Vorstellungen privater Hilfequellen, die Stärkung der Selbsthilfe und die Vermeidung der Kolonisierung von Lebenswelten herangezogen (▶ Kap. 3).

Die im Sozialstaat angelegten Spielräume für die Soziale Arbeit, die insbesondere gefordert ist, wenn generalisierte Regelungen nicht mehr ausreichen, um Menschen in individuellen Notlagen angemessen zu unterstützen, erfordern es, ein sozialarbeiterisches Unterstützungsverständnis zu entwickeln. Dies erfolgt im *vierten Kapitel* auf der Grundlage aktueller Theorien der Sozialen Arbeit, die Auskunft geben über ein zeitgemäßes Gegenstandsverständnis, auf dessen Grundlage Herausforderungen für unterstützende Angebote abgeleitet werden. Nach Hinweisen auf das globale Verständnis Sozialer Arbeit werden für die Konkretisierung emanzipatorische, orts- und subjekttheoretische, lebenswelttheoretische, lebensbewältigungstheoretische, sozialökologische, systemisch-prozessuale und auf den Capabilities Approach bezogene Positionen aufgegriffen und am Ende des Kapitels zu einem sozialarbeiterischen Unterstützungsverständnis zusammengeführt (▶ Kap. 4).

Die Umsetzung des entwickelten Unterstützungsverständnisses im Sozialstaat erfordert vor dem Hintergrund der identifizierten Widerstände eine sozialanwaltliche Praxis, die bereits bestehende Varianten professionellen Handelns nicht ersetzt, sondern ergänzt. Nach der Erläuterung des Begriffs Sozialanwaltschaft werden im *fünften Kapitel* damit einhergehende Risiken im Zusammenhang mit dem freien Willen und der Beauftragung der Sozialen Arbeit erörtert. Hierbei stellt sich auch die Frage des Paternalismus in der praktischen Umsetzung sozialanwaltlicher Varianten der Interessenvertretung. Beide Risiken können nicht aufgelöst, wohl aber durch eine reflektiert-analytische Vorgehensweise verringert werden. Die Bewältigung der Gratwanderung zwischen Selbst- und Fremdbestimmung, vor der die Soziale Arbeit schon immer steht, bleibt eine permanente Aufgabe. Sie wird in Bezug auf die fallbezogene und die strukturelle Ebene der sozialanwaltlichen Praxis methodisch umrissen (▶ Kap. 5).

Der Ansatz der Sozialanwaltschaft zieht sich durch sämtliche Kapitel dieses Buches. Im zweiten Kapitel wird der Handlungsrahmen mit dem Ziel analysiert, Lücken und Probleme aufzudecken, für die Veränderungsvorschläge aus der Perspektive der Sozialen Arbeit eingebracht werden. Die Auseinandersetzung mit sozialstaatlichen und sozialpolitischen Argumenten gegen angemessene professionelle Unterstützungsangebote fordert die Soziale Arbeit dazu heraus, ihre Angebote zu legitimieren und Infragestellungen als eine Form der Hilfeverweigerung zu entlarven. Zugleich steht sie vor der Aufgabe, ihre Unterstützungsideen zu begründen, ein Versuch dafür liegt mit dem vierten Kapitel vor. Schließlich mündet die Vorstellung einer sozialanwaltlich orientierten Sozialen Arbeit in dem Anspruch, Vorschläge für die Umsetzung in der Praxis zu entwickeln, wie sie exemplarisch im fünften Kapitel angeregt werden.

2 Zum sozialstaatlichen Verständnis von Unterstützung in wirtschaftlich und sozial prekären Lebenslagen

Unterstützung kann vielerlei bedeuten. Gängige Synonyme sind u. a. Beistand, Betreuung, Hilfestellung, Kooperation oder Förderung. Gemeinsam ist diesen Variationen des Unterstützungsverständnisses, dass Menschen Hilfe benötigen bei der Bewältigung von Aufgaben und Herausforderungen in ihrer Lebensführung. Diese noch sehr allgemeinen Annäherungen drücken bereits aus, dass es bei der Unterstützung nicht damit getan sein kann, Menschen in ganz unterschiedlichen Problemsituationen ausschließlich auf ihre Eigenkräfte zu verweisen. Angesichts der thematischen Offenheit, die der Unterstützungsbegriff aufweist, ist es für seine Verwendung in der Sozialen Arbeit allerdings erforderlich, ihn inhaltlich zu füllen. Im vorliegenden Zusammenhang geht es um die Frage des Rechts auf Unterstützung in wirtschaftlich und sozial prekären Lebensumständen.

Kapitelüberblick

Zunächst werden grundlegende Informationen über Armut (▶ Kap. 2.1) und anschließend Auswirkungen auf die sozialen Teilhabechancen der betroffenen Menschen erörtert (▶ Kap. 2.2). Darauf aufbauend wird das Unterstützungsverständnis aus sozialstaatlicher Sicht erläutert, das den Rahmen für die Soziale Arbeit setzt (▶ Kap. 2.3). Im weiteren Gang der Argumentation geht es um die Frage, ob im System der sozialen (Grund-)Sicherung Spielräume für die Umsetzung eines mehrdimensionalen Unterstützungsverständnisses angelegt sind (▶ Kap. 2.4).

2.1 Grundverständnis von Armut

Armut ist ein facettenreiches Phänomen, das sich einer eindeutigen Definition entzieht. Wirtschaftswissenschaftliche, soziologische, politikwissenschaftliche, rechtswissenschaftliche und ethische Zugänge sind in Detailanalysen vor allem zu unterscheiden (vgl. Hauser 2018, 150). Letztlich ist es ein normatives Konstrukt, in dem materielle und immaterielle Verteilungsergebnisse bewertet werden, die bei gesellschaftlich als nicht hinnehmbar angesehenen Ungleichheiten günstigenfalls zu sozialpolitischen Korrekturen führen (vgl. Best, Boeck & Huster 2018, 28f.). Grundlegend und disziplinübergreifend ist in der Armutsforschung zunächst die Unterscheidung von absoluter und relativer Armut.

> **Absolute Armut**
>
> Von absoluter Armut ist die Rede, wenn elementare Mittel für die Existenzsicherung nicht verfügbar oder zugänglich sind. Hierzu zählen Obdach, Heizung, Nahrung, Kleidung und elementare medizinische Versorgung (vgl. Hauser 2018, 152).

Diese extreme Form der Armut existiert auch in Deutschland. Wohnungslose Menschen, die auf der Straße oder in menschenunwürdigen Behelfs- und Notunterkünften leben, zählen ebenso zu den Betroffenen wie Menschen ohne gültige Aufenthaltsdokumente, die von Regelleistungen des Sozialstaats ausgeschlossen sind, oder Menschen mit schweren Erkrankungen und Beeinträchtigungen, die es nicht mehr schaffen, Hilfestellen aufzusuchen und/oder sich auf anspruchsvolle Unterstützungsprozesse einzulassen. Mit Menschen, die diesen Gruppen angehören, ist die Soziale Arbeit befasst. Sie stellen die Fachkräfte vor ganz besondere Herausforderungen, geht es doch vielfach zunächst um Überlebenshilfen und die elementare Sicherung der Existenzgrundlagen. Formale Rechte auf Unterstützung wie eine Notübernachtung, Rückkehrhilfe in das Herkunftsland oder eine Drogenbehandlung mögen bestehen, ob sie für die Betroffenen eine tatsächliche Unterstützung darstellen, muss im Einzelfall geklärt werden.

> **Relative Armut**
>
> Die relative Armut wird am Lebensstandard der jeweiligen Bezugsgesellschaft gemessen. In diesem Fall reicht die vorhandene Ausstattung nicht mehr aus, eine als gerade noch ausreichend angesehene soziokulturelle Teilhabe zu realisieren (vgl. ebd., 152). An diese Sichtweise schließt die europäische Sozialberichterstattung an. Dort geht man von einer relativen Armut aus, wenn Menschen über so geringe soziale, materielle und kulturelle Mittel verfügen, dass sie von einer gerade noch akzeptablen Lebensweise ihrer Bezugsgesellschaft ausgeschlossen sind (vgl. Datenreport 2021, 224). Relative Armut wird in der Marktgesellschaft am verfügbaren Haushaltsnettoeinkommen gemessen. Liegt ein Haushalt unter 60 Prozent des nach Haushaltsgrößen gewichteten Medianeinkommens, gilt er als relativ arm. Von strenger Armut ist die Rede, wenn das Einkommen unter 50 Prozent des Medianeinkommens liegt.

Bezogen auf die jüngsten vorliegenden Daten lag das Medianeinkommen pro Kopf im Jahr 2018 monatlich bei rund 1.892 EUR (vgl. ebd., 223). Die 60-Prozent-Armutsgrenze liegt demnach bei 1.135 EUR, die 50-Prozent-Armutsgrenze bei 946 EUR. Die in der Armutsforschung breit rezipierte relative Armutsgrenze ist allerdings problematisch. Es wird beispielsweise nicht berücksichtigt, dass Menschen lebenslagebedingt und in Bezug auf gesundheitliche Beeinträchtigungen unterschiedliche Bedürfnisse haben (vgl. Hauser 2018, 156). Hinzu kommt, dass Schuldentilgungen, die in armutsgeprägten Lebenslagen häufiger vorkommen, in der Berechnung der Armutsgrenze nicht berücksichtigt werden. Auch wer wenige Prozentpunkte über der Armutsgrenze liegt, lebt nicht im Wohlstand, sondern allenfalls in prekären Verhältnissen. Unterstellt wird schließlich, dass das Haushaltseinkommen proportional verteilt wird, was keineswegs sichergestellt ist.

Auch wenn absolute Armut in Deutschland quantitativ eine periphere Rolle spielt und relative Armut dominiert, muss die Soziale Arbeit mit beiden Formen in ihrem Arbeitsalltag umgehen, zumal teilweise fließende Übergänge bestehen. Neben der Sicherung der Existenzgrundlagen geht es in der Unterstützung für Menschen in armutsgeprägten Lebensumständen insbesondere um die Förderung ihrer Teilhabe an den Errungenschaften der Gesellschaft. Für die Soziale Arbeit im Umgang mit Armut, die in vielen Bereichen wie der Suchtkrankenhilfe, der Sozialpsychiatrie, dem Allgemeinen Sozialen Dienst (ASD) oder der Migrationssozialarbeit anzutreffen ist, sind Kenntnisse über Grundsicherungs- und Sozialhilfeleistungen unabdingbar, die im SGB II und SGB XII sowie in angrenzenden Sozialleistungsgesetzen geregelt sind. Im System der sozialen Sicherung repräsentieren diese Leistungen ein soziokulturelles Minimum, das gewissermaßen die absolute und die relative Armut vereint. Wer nicht über eigene Mittel, ausreichende Eigenkräfte und/oder einen anderweitigen Anspruch auf Unterstützung, sei es durch Unterhaltsansprüche oder vorrangige Sozialleistungen, verfügt, hat nach dem gegenwärtigen Stand einen Rechtsanspruch auf subsidiär angelegte bedürftigkeitsgeprüfte Grundsicherungs- und Sozialhilfeleistungen. Diese dienen dazu, allen Betroffenen ein menschenwürdiges Leben zu ermöglichen, das über die reine Existenzerhaltung hinausgeht und in dem mit den Leistungen ein Mindestmaß an gesellschaftlicher, kultureller und politischer Teilhabe sichergestellt werden soll (vgl. Bieritz-Harder 2019, 104).

Der Grundsicherungsanspruch

Während die absolute Armutsgrenze der physischen Lebenserhaltung dient und die relative Armutsgrenze die soziokulturelle Armutsgrenze abbildet, die an einem statistisch festgelegten Normwert gemessen wird, handelt es sich beim Grundsicherungsanspruch um eine politische Armutsgrenze, die in Bezug auf das Recht auf Unterstützung ganz besonders zu beachten ist. Regelbedarfe werden nach dem »Gesetz zur Ermittlung der Regelbedarfe nach § 28 des Zwölften Buches Sozialgesetzbuch (Regelbedarfs-Ermittlungsgesetz)« auf der Grundlage der Einkommens- und Verbrauchsstichprobe sogenannter einkommensschwacher Haushalte ermittelt. Für Einpersonenhaushalte werden die unteren 15 Prozent, für Familienhaushalte die unteren 20 Prozent der Haushalte ohne die Bezieher:innen von

Sozialhilfe- und Grundsicherungsleistungen herangezogen. Eine Begründung für die unterschiedliche Größe der Referenzhaushalte ist dem Gesetz nicht zu entnehmen, sie verzerrt die Ergebnisse der Regelbedarfsberechnung für Einpersonenhaushalte zu deren Lasten.

Von den ermittelten Ausgaben der Referenzhaushalte werden je nach politischer Auffassung noch Posten abgezogen, die für verzichtbar gehalten werden. Auch an dieser Stelle kommt der normative Charakter der Armut zum Ausdruck. Kategorial betrachtet umfasst das soziokulturelle Existenzminimum die Mittel für die physische Lebenssicherung, für die Befriedigung der Bedürfnisse des täglichen Lebens einschließlich Kosten der Unterkunft und Heizung, für Mobilitäts-, Bildungs-, Informations- und Kommunikationsbedarfe, für die Unterhaltung zwischenmenschlicher Beziehungen und für die Nutzung von kulturellen und Freizeitangeboten (vgl. Becker 2017, 273). Betrachtet man die aktuell regelbedarfsrelevanten Verbrauchsausgaben beispielsweise für einen Einpersonenhaushalt, so stehen für Bekleidung und Schuhe monatlich 34,60 EUR oder für Bildung 1,01 EUR zur Verfügung. Für Kinder bis zur Vollendung des sechsten Lebensjahres liegt der Anteil für Bekleidung und Schuhe bei 36,25 EUR und für Bildung bei 0,68 EUR, vom siebten bis zum vollendeten 14. Lebensjahr liegt der Anteil für Bekleidung und Schuhe bei 41,83 EUR und für Bildung bei 0,50 EUR. Diese Einblicke unterstreichen einmal mehr, dass lebensweltnahe empirische Studien fehlen, die unter Berücksichtigung besonderer Bedarfe in den jeweiligen Fallkonstellationen Auskunft über eine ausreichende Grundsicherung geben. In Bezug auf das Recht auf Unterstützung ist an dieser Stelle auf den politischen Auftrag der Sozialen Arbeit in der Auseinandersetzung, um eine angemessene Grundsicherung aufmerksam zu machen.

Zieht man die Zahl der Bezieher:innen von Grundsicherungs- und Sozialhilfeleistungen heran, um das Ausmaß von Armut darzustellen, sind etwa acht Millionen Menschen betroffen (vgl. Aust 2019, 101). Gemessen an der 60-Prozent-Armutsgrenze leben derzeit 15,8 Prozent der Bevölkerung an der Armutsgrenze (vgl. Datenreport 2021, 233). Hierbei ist zu berücksichtigen, dass die Armutsquote vor dem Bezug von Sozialleistungen bei über 23 Prozent liegt; die Einkommensarmut in Deutschland wird durch Leistungen des Sozialstaats also verringert, aber nicht überwunden (vgl. Bäcker 2019, 302f.). Für die Soziale Arbeit interessant ist die Frage, welche Bevölkerungsgruppen vor allem von Armut betroffen sind, denn diese Daten geben Aufschluss über strukturelle Benachteiligungen. Auf der Grundlage der 60-Prozent-Armutsgrenze sind nach den jüngsten Erhebungen für das Jahr 2018 u. a. junge Menschen mit 20,6 Prozent, Alleinerziehende mit 33,8 Prozent, Menschen mit niedrigem Bildungsabschluss mit 30,5 Prozent und Erwerbslose mit 69,4 Prozent überdurchschnittlich von Armut betroffen (vgl. Datenreport 2021, 225).

Aus den ersten Annäherungen an das Armutsverständnis können bereits Herausforderungen für die Soziale Arbeit mit Blick auf das Recht auf Unterstützung abgeleitet werden. Bereitgestellte Hilfen im Bereich der absoluten Armut wie beispielsweise die Unterbringung Wohnungsloser in Mehrbettzimmern oder eine Rückfahrkarte in das Herkunftsland für mittellos in Deutschland lebende Menschen sind dahingehend zu prüfen, ob sie von den Betroffenen als Unterstützung empfunden und wahrgenommen werden. Ist dies aus nachvollziehbaren Gründen nicht der Fall, bleibt die Verelendung faktisch bestehen. Auch wenn selbstverständlich nicht allen Wünschen entsprochen werden kann, ist es legitim, die Qualität der angebotenen Unterstützung hinsichtlich ihrer Angemessenheit in den Blick zu nehmen. Die statistische Armutsgrenze von 60 Prozent relativer bzw. 50 Prozent strenger Armut sagt

- erstens nichts über die faktischen Teilhabemöglichkeiten aus,
- zweitens werden unterschiedliche Bedarfe, wie sie beispielsweise mit Krankheit oder Behinderung einhergehen, nicht gewürdigt,
- drittens kann man nicht ernsthaft davon ausgehen, dass Haushalte, die knapp über der Armutsgrenze liegen, nicht mehr unter Armutsfolgen leiden.

Diese Zusammenhänge verdeutlichen, wie wichtig es für die Soziale Arbeit ist, statistische Messverfahren mit konkreten Lebensumständen zu korrelieren, um Lücken aufzuzeigen und einen Beitrag für eine realistischere Vorstellung von Armut zu entwickeln. Hinzu kommt eine notwendige kritische Auseinandersetzung mit der soziokulturell angelegten Grundsicherung, für die weiterhin breite empirische Grundlagen für die Einkommens- und Verbrauchsstichprobe fehlen. Die Forderung vieler Fachverbände, die Leistungen zu erhöhen, um dem gesetzlichen Ziel der Teilhabeförderung näherzukommen, erfordert entsprechende Forschungen, die der Durchsetzung des Rechts auf angemessene Unterstützung in diesem elementaren Bereich dienlich wären. Für die Soziale Arbeit ist im Umgang mit dem Recht auf Unterstützung weiterhin entscheidend, was sich hinter den Zahlen für die betroffenen Menschen verbirgt und welche Herausforderungen daraus resultieren.

Die statistisch-systematische Erfassung von Armut ist disziplinübergreifend angelegt. Aus der Sicht der Sozialen Arbeit sind daneben insbesondere die Auswirkungen auf die alltäglichen Lebensbedingungen der Betroffenen mit Blick auf ihre sozialen Teilhabechancen relevant. Zwar wird das Teilhabethema bereits in der Definition der relativen Armut und in der politischen Armutsauffassung, wie sie in der Grundsicherung und der Sozialhilfe zum Ausdruck kommt, aufgegriffen, doch bleiben die Ausführungen überwiegend pauschal. Für die Ausbuchstabierung des Rechts auf Unterstützung in wirtschaftlich und sozial prekären Lebenslagen sind vertiefende Überlegungen geboten.

Armut als soziales Problem

Für die Soziale Arbeit ist Armut ein soziales Problem. Zu sozialen Problemen zählen u. a. Kriminalität, Drogenabhängigkeit, Sexarbeit oder eben Armut. Ihnen ist gemeinsam, dass sie gesellschaftlich als Störungen der sozialen Ordnung interpretiert werden, die sowohl Kontroll- und Sanktionsmaßnahmen als auch unterstützende Leistungen zur Folge haben können.

Entscheidend für die gesellschaftliche Reaktion ist das Ursachenverständnis der identifizierten sozialen Probleme. Werden die Auffälligkeiten als Krankheit gedeutet, kommen medizinisch-therapeutische Maßnahmen in Betracht. Geht man hingegen davon aus, dass die sozialen Probleme Ausdruck eines individuell vorwerfbaren Fehlverhaltens sind, stehen Sanktionen und die Überweisung an das Strafsystem als Reaktionen im Raum. Soweit soziale Bedingungen für die Erklärung sozialer Probleme herangezogen werden, kommen sozial unterstützende Angebote zur Linderung oder Überwindung infrage (vgl. Groenemeyer 2018, 1492f.). Armut als soziales Problem verstößt gegen gesellschaftlich akzeptierte Wertvorstellungen in Bezug auf soziale Gerechtigkeit und Sicherheit. Vor diesem Hintergrund werden umverteilende Sozialleistungen bereitgestellt. Entscheidend für den Zugang zu Leistungen ist, dass eine gesellschaftlich festgelegte Bedarfsschwelle unterschritten wird. Insofern sind Armutsgrenzen viel mehr als wissenschaftliche Erfassungsversuche, sie beeinflussen unmittelbar das Recht auf Unterstützung. Für die Soziale Arbeit ist mit Blick auf ihre Bemühungen, das Recht auf Unterstützung zu fördern, insofern bedeutsam, auf die Höhe und inhaltliche Ausgestaltung von Armutsgrenzen Einfluss zu nehmen. Eine zweite Ableitung ist hervorzuheben: Für das Recht auf Unterstützung in wirtschaftlich und sozial prekären Lebenslagen ist es ausschlaggebend, dass der Unterstützungsbedarf auch anerkannt wird. Erfolgt eine Pathologisierung oder eine Kriminalisierung sozialer Probleme oder werden diese einfach verleugnet, besteht die Aufgabe der Sozialen Arbeit darin, die sozialen Ursachen und Folgen von Problemen aufzuzeigen, um das Recht auf Unterstützung sicherzustellen oder neu in Gang zu setzen.

2.2 Armut und soziale Teilhabe in einer mehrdimensionalen Perspektive

Die handlungswissenschaftliche Ausrichtung der Sozialen Arbeit erfordert neben den analytischen Beiträgen zur Erfassung von Armut, die bereits praktische Konsequenzen nach sich ziehen, eine Auseinandersetzung mit den möglichen Zielen unterstützender Maßnahmen, die für die Inhalte des Rechts auf Unterstützung stehen. Im Anschluss an Armut in Verbindung mit sozialen Ausgrenzungsrisiken und der Untermi-

2.2 Armut und soziale Teilhabe in einer mehrdimensionalen Perspektive

nierung sozialer Teilhabechancen geht es sozialarbeiterisch darum, Dimensionen der sozialen Teilhabe zu konkretisieren. Im Mittelpunkt stehen Fragen der sozialen Existenzsicherung, der sozialen Unterstützung und der sozialen Bildung.

Das mehrdimensionale Verständnis sozialer Teilhabe

Die *soziale Existenzsicherung* steht für die materielle Lebensbasis in Gestalt eines ausreichenden Einkommens durch Erwerbsarbeit und/ oder Sozialleistungen sowie eine menschenwürdige Wohnsituation. *Soziale Unterstützung* umfasst den Zugang zu formellen Dienstleistungen des Sozial-, Arbeitsmarkt-, Gesundheits- und Bildungssystems, allgemeiner formuliert eine angemessene Infrastruktur im Sozialraum sowie die Förderung des persönlichen sozialen Netzwerks mit seinen verzweigten Unterstützungspotenzialen. Gegenstand der *sozialen Bildung* sind persönliche und soziale Kompetenzen, die der Nutzung von sozialen Teilhabeangeboten dienen. Hierzu zählen u. a. Bildung und Ausbildung, Normenwissen, Teilhabemotivation, soziale Kompetenzen und persönliche Eigenschaften wie Belastbarkeit oder die Fähigkeit zur Informationsverarbeitung (vgl. Ansen 2018b, 154f.).

In diesem mehrdimensionalen Verständnis sozialer Teilhabe wird ganz unterschiedlichen Themen und Belastungen Rechnung getragen, die mit Armut vielfach verbunden sind.

Für die systematische Erfassung von Armut und die Entwicklung von Interventionen ist hinsichtlich der sozialen Sicherung der Fokus zunächst auf das Einkommen zu richten. Wer in Einkommensarmut lebt, sieht sich mit Gefährdungen seiner Lebensgrundlagen in Bezug auf die Finanzierung der Wohnung oder die Bestreitung alltäglicher Ausgaben konfrontiert. Ein geringes Einkommen, das an oder unter der Armutsgrenze liegt, schränkt Konsummöglichkeiten, soziale Kontakte, Mobilität und Freizeitoptionen so stark ein, dass die Teilhabe an der Gesellschaft erschwert oder unmöglich gemacht wird. Ein unterdurchschnittliches Einkommen bedeutet für die Betroffenen darüber hinaus den Verlust elementarer Sicherheit im Umgang mit Belastungen sowie Einschränkungen bei der Erschließung von Lebensperspektiven, etwa in den Bereichen Bildung oder Zukunftsgestaltung (vgl. Ansen 2018a, 19f.). Von daher geht es bei der Sicherung eines ausreichenden Einkommens, zu der die Soziale Arbeit beiträgt, um weit mehr als um rein monetäre Aspekte. Besonders deutlich wird dies, wenn das mit Einkommensarmut signifikant gesteigerte Risiko einer Überschuldung einbezogen wird.

> **Überschuldung**
>
> Von Überschuldung wird in Abgrenzung zur Verschuldung gesprochen, wenn das Einkommen und Vermögen aller Haushaltsmitglieder trotz einer Reduzierung des Lebensstandards längerfristig nicht mehr ausreichen, um den Lebensunterhalt zu bestreiten und fällige Forderungen zu bedienen.

Unter den gegenwärtig rund sieben Millionen Überschuldeten in Deutschland sind Menschen in armutsgeprägten Lebenslagen überproportional vertreten. Eine Überschuldung gefährdet nicht nur die materiellen Lebensgrundlagen, etwa bei Miet- oder Energieschulden; belastende Auswirkungen auf die Familie und das persönliche Umfeld sind ebenso nachgewiesen wie die Konfrontation mit anhaltendem Stress und weitergehenden Verlusten sowie gesundheitlichen Einschränkungen (vgl. Ansen 2018a, 20).

In Verbindung mit Einkommensarmut ist die Wohnungsfrage eine zentrale Komponente der sozialen Sicherung. Ein geringes Einkommen führt vielfach zu Problemen in der Wohnsituation. Für die Soziale Arbeit, die sich für ein Recht auf Unterstützung auch in diesem Bereich des Alltags einzusetzen hat, ist es weiterführend, die Bedeutung des Wohnens für das Leben in der Gesellschaft zu würdigen. Eine ausreichende und menschenwürdige Wohnung ermöglicht eine Privatsphäre, ein Leben in Partnerschaft und Familie, Schutz und Regenerationsmöglichkeiten, die Wahrnehmung einer Erwerbstätigkeit, kurz eine bürgerliche Existenz (vgl. Ansen 2018c, 176). Das heute unstrittige Ziel der Teilhabe an der Gesellschaft ist ohne adäquate Wohnungsversorgung

2.2 Armut und soziale Teilhabe in einer mehrdimensionalen Perspektive

nicht zu realisieren. Menschen in Armut erleben in diesem Zusammenhang vielfältige Benachteiligungen. Diese beginnen bereits bei der Wohnkostenbelastung. Während in der Bevölkerung durchschnittlich 27 Prozent des verfügbaren Einkommens für Wohnkosten ausgegeben werden, wenden Menschen in Armutshaushalten etwa 51 Prozent für das Wohnen auf (vgl. Spellenberg & Giehl 2019, 272). Diese hohe Wohnkostenbelastung ist äußerst riskant. Kommt es zu Einkommenseinbußen, können diese kaum noch kompensiert werden, sodass Schulden einschließlich Mietschulden auftreten, die zu fristloser Kündigung und im Extremfall zur Zwangsräumung führen. Die hohe Mietbelastung ist wie ein Damoklesschwert für die betroffenen Haushalte. Die Schwelle zum Wohnungsnotfall, wie ihn die BAG-Wohnungsloshilfe versteht (s. Kasten) ist in diesen Konstellationen deutlich herabgesetzt.

Wohnungsnotfälle

Wohnungsnotfälle liegen vor,

- wenn Menschen ohne eigene Wohnung auf der Straße oder in Notquartieren bzw. in unsicheren privaten Arrangements leben,
- wenn Menschen ohne mietvertragliche Absicherung wohnen,
- wenn sie in Einrichtungen der Wohnungslosenhilfe versorgt werden,
- wenn Menschen von einer Räumungsklage akut bedroht sind,
- wenn sie in völlig unzureichenden Wohnungen leben, insbesondere bei Überbelegung oder in gesundheitsschädigenden Verhältnissen,
- wenn sie nur wegen einer fehlenden Wohnung in Einrichtungen bleiben, etwa der Jugendhilfe oder in Frauenhäusern,
- oder wenn sie nach der Überwindung von Wohnungslosigkeit auf nachgehende stabilisierende Hilfen angewiesen sind.

Ein Wohnungsnotfall strahlt auf sämtliche Lebensbereiche aus, die Betroffenen sind massiven existenziellen Belastungen und Gefährdungen ausgesetzt, die ihre Lebenschancen deutlich verringern. Nach jüngsten

Daten der Bundesarbeitsgemeinschaft Wohnungslosenhilfe sind aktuell 678.240 Menschen in Deutschland wohnungslos. Die Soziale Arbeit steht hier vor großen armutsbedingten Herausforderungen, die nicht den Betroffenen persönlich angelastet werden dürfen, wie es teilweise zu beobachten ist.

Wie wichtig es ist, Armut mit ihren kumulativ auftretenden Belastungen zu erfassen, wird deutlich, wenn beispielsweise der Zusammenhang zwischen sozialer und gesundheitlicher Ungleichheit einbezogen wird. Soziale Ungleichheit, für die u. a. Armut ein zentraler Faktor ist, wird in der Sozialforschung am verfügbaren Einkommen, dem Erwerbsstatus und dem Bildungsniveau gemessen. Benachteiligungen in diesen Bereichen erhöhen die Risiken für chronische Erkrankungen im Vergleich mit höheren Statusgruppen um das Zwei- bis Dreifache. Vor allem Herz-Kreislauf-Erkrankungen, Atemwegserkrankungen, Stoffwechselstörungen, Krankheiten des Bewegungs- und Stützapparates, Tumore und psychische Störungen werden registriert. Auch die durchschnittliche Lebenserwartung unterscheidet sich signifikant. Sie liegt bei sozial und wirtschaftlich benachteiligten Bevölkerungsgruppen um fünf bis zehn Jahre unter der Lebenserwartung bessergestellter Gruppen. Gründe für die erhöhten Krankheitsbelastungen und die geringere Lebenserwartung korrelieren nach sozialepidemiologischen Befunden mit den materiellen Einschränkungen, den psychosozialen Belastungen und dem Gesundheitsverhalten der betroffenen Menschen (vgl. Lampert 2018, 12f.).

Während die soziale Sicherung in Bezug auf die individuelle Ausstattung der Menschen behandelt wird, werden in der Analyse der sozialen Unterstützung die Umweltbedingungen in Gestalt persönlicher sozialer Netze, formeller Dienste und Einrichtungen und sozialräumlicher Lebensbedingungen einbezogen. In Bezug auf soziale Netzwerke fällt auf, dass in Armut lebende Menschen häufiger in sozial und milieubezogen homogenen Beziehungen leben und eher auf Familienangehörige und Nachbar:innen zurückgreifen, während in sozialökonomisch besser ausgestatteten Kreisen der Bevölkerung eher heterogene Netzwerkstrukturen mit deutlich mehr Ressourcen anzutreffen sind. Menschen in sozial benachteiligten Lebenslagen bleiben nach diesen Befunden weitgehend unter sich, verbunden mit einer geringeren Partizipation an der Gesellschaft, durch die soziale Ausgrenzungsverfahren verfestigt werden (vgl.

Böhnke & Link 2019, 247f.). Neben dem Erleben sozialer Ausgrenzung in den persönlichen Netzwerken ist zu berücksichtigen, dass soziale Unterstützung durch emotionale, materielle und instrumentelle, informatorische und interpretative Formen des Beistandes (vgl. Kupfer 2015, 136f.) in einem sozial homogenen Umfeld, in dem Menschen in prekären Verhältnissen leben, seltener in der erforderlichen Breite erfolgen kann. Gerade dann, wenn eine facettenreiche Hilfe gebraucht wird, findet sie im Alltag zu wenig statt. Armut und soziale Ausgrenzung werden dadurch weiter verfestigt. Für die Auseinandersetzung mit dem Recht auf Unterstützung ist es deshalb erforderlich, die Dimension der Netzwerkbeziehungen einzubeziehen. Das gilt auch für den Zugang zu formellen Diensten und Einrichtungen des Sozial-, Bildungs- und Gesundheitswesens, die Menschen in Armut aufgrund unterschiedlicher Barrieren nicht immer sachangemessen erreichen. Das Recht auf Unterstützung bleibt gewissermaßen blutleer, wenn vorhandene Angebote aufgrund ihrer Organisationsstrukturen gerade von denjenigen, die darauf besonders dringend angewiesen sind, nicht genutzt werden können.

Barrieren im Sozial-, Bildungs- und Gesundheitswesen

Zu den Barrieren zählen institutionelle und bürokratische Anforderungen, die teilweise überfordernd sind, fehlende Informationen über infrage kommende Varianten der Unterstützung, die Angst vor Stigmatisierung bei der Inanspruchnahme sozialstaatlicher Leistungen, kulturelle Blockaden, vor allem bei denjenigen, die mit der Behördenkultur in Deutschland nicht vertraut sind, und subjektive Faktoren persönlicher Verunsicherung sowie Resignation im Umgang mit den eigenen Problemen (vgl. Papenheim et al. 2018, 217).

Wer in seinem persönlichen sozialen Netzwerk keine Unterstützung für den Rückgriff auf Angebote des Sozialstaats erhält, ist vermehrt auf eine zugängliche und leicht erreichbare Organisation der sozialen Infrastruktur angewiesen und nicht auf einen defensiven Sozialstaat, der ausgeprägte Konfliktfähigkeit in der Beantragung von Sozialleistungen voraussetzt. Das Recht auf Unterstützung überschreitet an dieser Stelle die direkte Fallarbeit, es geht darum, Einfluss auf die Gestaltung der sozialen Infrastruktur zu nehmen. Dies beinhaltet die Gestaltung des Sozialraums und die Vermeidung sozialräumlicher Ausgrenzungen im Sinne einer »residenziellen Segregation« (Keller 2019, 261). Es ist nicht immer ein ganzer Stadtteil, der Ausgrenzungen verkörpert, vielfach sind es Straßen, Straßenzüge oder auch Wohnblocks, in denen vermehrt Armutshaushalte angesiedelt sind (vgl. ebd., 261f.). Für den Umgang mit sozialräumlichen Segregationsprozessen reicht es nicht aus, nur auf bauliche Maßnahmen zu setzen, schließlich geht es darum, das soziale Miteinander im Sinne der gesellschaftlichen Kohärenz zu fördern. Ein sozialräumlicher Ansatz, der hier gefordert ist, impliziert, dass der Raum durch soziales Handeln angeeignet wird. Erst wenn das subjektive Raumerleben einbezogen wird, wenn Menschen Möglichkeiten der Beteiligung vorfinden, denen sie gewachsen sind, wenn ihre Alltagsorganisation, ihre Bedürfnisse und ihre sozialen Bezüge mit sozialpolitischen Maßnahmen in eine Balance gebracht werden, ist es möglich, die negativen Wirkungen sozialräumlicher Ausgrenzungen zu stoppen und eine soziale Infrastruktur aufzubauen, die Lernchancen, Verständnis füreinander und ein unterstützendes Zusammenleben voranbringen (vgl. Alisch 2018, 513f.).

Menschen auf ihre Eigenverantwortung zu verweisen und ihnen Aktivierung und Selbstsorge sowie Vorsorge zuzuschreiben, setzt entsprechende Lern- und Entwicklungsbedingungen voraus. Armut mit den belastenden Auswirkungen auf die soziale Sicherheit und die soziale Unterstützung konterkariert diese heute verbreitete gesellschaftliche und sozialstaatliche Erwartung. Durch Armut werden die Entfaltungsspielräume und die Teilhabechancen der Betroffenen begrenzt, sie bleiben unterhalb ihrer Möglichkeiten (vgl. Best, Boeck & Huster 2018, 53). Zur Analyse von Armut gehört aus Sicht der Sozialen Arbeit deshalb die Betrachtung der Handlungskompetenzen der Betroffenen, verbunden mit den Fragen, welche Beeinträchtigungen vor allem zu beachten sind und wie im Recht auf Unterstützung eine Förderung der Handlungskompetenzen vorstellbar ist.

In der Armutsforschung ist es heute mit Blick auf den Capability Approach fast ein Gemeinplatz zu sagen, dass Armut die Verwirklichungschancen von Menschen begrenzt. Dies belegen bereits alltägliche Beobachtungen hinsichtlich der körperlichen, sozialen, materiellen und psychischen Folgen, die vielfach mit Wohnungslosigkeit einhergehen. Capabilities stehen für die Bedingungen und Möglichkeiten, die es erlauben, persönliche, soziale, körperliche und gesundheitliche Potenziale zu entfalten und das eigene Wohlergehen in einem Leben zu verwirklichen, das man aus guten Gründen wählt. Armut stellt für die Betroffenen eine »capability deprivation« (Lepenies 2017, 107) dar. Die Ausführungen über soziale Sicherheit und soziale Unterstützung liefern dafür hinreichende Belege. Die Lebensbedingungen im Recht auf Unterstützung zu verankern und durch der Sozialen Arbeit zu verbessern, hat insofern unmittelbare Auswirkungen auf die Entfaltung persönlicher Handlungskompetenzen.

Armut und soziale Ausgrenzung, das darf nicht übersehen werden, machen Betroffene sozial verwundbar. Prekäre oder fehlende Formen der Beschäftigung, die Unterversorgung in zentralen Lebensbereichen, die Blockierung im Erwerb unterschiedlicher Kompetenzen, die Beeinträchtigung von Zukunftsoptionen und die mit erheblichen Belastungen verbundene Alltagsorganisation führen zu sozialer Erschöpfung und sozialem Rückzug (vgl. Lutz 2014, 115f.). Betroffene erleben sich abgehängt von gesellschaftlichen Versprechungen, wonach allen Menschen Räume offenstehen, ihre Bedürfnisse zu befriedigen und ihre Potenziale zu entfalten. Sie sehen sich stattdessen mit Ausgrenzungen, Enttäuschungen und Überforderungen konfrontiert, die sie zuweilen verzweifeln lassen und auf Distanz zur Gesellschaft bringen (vgl. Reckwitz 2019, 206f.). Auf der Grundlage einer Metaanalyse zahlreicher international angelegter Studien beschreiben Wilkinson und Pickett die Auswirkungen von Armut und sozialer Ungleichheit sehr treffend in der folgenden Zusammenfassung:

> »The problems related to social position, like poor health, violence and low educational performance, which all become common at each step down the social ladder, also get worse in societies with wider income gaps« (Wilkinson & Pickett 2018, 23).

Die ausgeführten negativen Auswirkungen von Armut treten gehäuft, aber nicht in allen Fällen auf, insoweit sollten die personalen Belastungen nicht als zwangsläufige Folge angesehen werden. Für die Suche nach Auswegen aus armutsgeprägten Lebensumständen lohnt es, Erkenntnisse der Resilienzforschung im Umgang mit Armut zur Kenntnis zu nehmen.

> **Resilienz bei Armut**
>
> Ausgehend von der Frage, wie armutsbetroffene Haushalte ihren Alltag bewältigen, spricht man dann von Resilienz, wenn Einzelne besser als andere mit vergleichbaren Belastungen über die Runden kommen, wenn es ihnen gelingt, Armut zu überwinden oder wenn sie weniger tief fallen als andere im Verlauf ihrer Armutskarriere (vgl. Promberger 2017, 6).

In einer länderübergreifenden Studie wurden europaweit 250 Haushalte befragt. Eine kleine Gruppe der erfassten Haushalte zeichnet sich durch einen resilienten Umgang mit Armut aus, der für die Ausgestaltung des Rechts auf Unterstützung weiterführend ist. Eine bessere Bewältigung von Armut gelingt vor allem dann, wenn Haushalte auf unterschiedliche Ressourcen und Alltagspraktiken zurückgreifen können, wobei sozialstaatliche Programme eine besondere Rolle spielen. Die Förderung von Resilienz, die auf verfügbaren Ressourcen basiert, setzt Sozialtransferleistungen, die Unterstützung der Arbeitsaufnahme, bezahlbaren Wohnraum, eine der Lebenslage angemessene soziale Infrastruktur, die Förderung von Netzwerken und Räume der Selbstorganisation voraus (vgl. ebd., 34f.). Diese Erkenntnisse unterstreichen die wechselseitigen Zusammenhänge zwischen sozialer Sicherung, sozialer Unterstützung und Handlungsbefähigung einmal mehr.

Der Alltag in Armut lebender Menschen ist von der Erfahrung abnehmender Aufstiegs- und Lebenschancen geprägt. Armut limitiert die Mittel für Bildung und Qualifikation, vielfältige Benachteiligungen nicht nur in diesen Bereichen sorgen dafür, dass intra- und intergenerationelle Aufstiege nur unzureichend gelingen und Armut die Tendenz zur Verfestigung aufweist (vgl. Steuerwald 2018, 216).

2.2 Armut und soziale Teilhabe in einer mehrdimensionalen Perspektive

> **Armut und tendenziell statischer sozialökonomischer Status**
>
> In einem Zonenmodell wird ausgeführt, dass rund zehn Prozent in verfestigter Armut leben, die dann vorliegt, wenn Betroffene mindestens fünf Jahre kontinuierlich mit sehr geringem Einkommen und weiteren Lebenslagedeprivationen wie Arbeitslosigkeit, schlechten Wohnverhältnissen oder fehlenden finanziellen Rücklagen konfrontiert sind. Von einer darüber liegenden Zone der Prekarität geht man aus, wenn über mindestens fünf Jahre überwiegend nur ein geringes Einkommen, verbunden mit einzelnen Lebenslagedeprivationen, erzielt wird. Die Zonen des instabilen Wohlstands und des gesicherten Wohlstands bleiben hier unberücksichtigt, sie werden von armutsbetroffenen Haushalten ohnehin in der Regel nicht in größerem Umfang erreicht. Rund 70 Prozent der Menschen in der Zone verfestigter Armut schaffen den Ausstieg nicht, und wenn Aufstiege gelingen, dann überwiegend in die Zone der Prekarität (vgl. Groh-Samberg 2019, 851).

Die kumulativen Armutsbelastungen führen in vielen Fällen dazu, dass allgemeine Lebensrisiken von den betroffenen Menschen nicht mehr hinreichend bewältigt werden können und ein Umschlag in soziale Probleme erfolgt (vgl. Bäcker 2020a, 3). Persönliche Anstrengungen allein reichen offenkundig nicht aus, um Armut hinter sich zu lassen. Die grundlegende Überwindung von Armut erfordert steuer-, sozial- und verteilungspolitische Maßnahmen (vgl. Butterwegge 2019, 48). Ein komplexes Armutsverständnis, in dem alltägliche Beeinträchtigungen und soziale sowie persönliche Verlusterfahrungen aufgegriffen werden, erfordert über Umverteilungsmaßnahmen hinausgehende Sach- und Dienstleistungen (vgl. Best, Boeck & Huster 2018, 54).

Ohne sozialstaatlich flankierende Maßnahmen ist der Appell an die Eigenkräfte völlig unzureichend und kontraproduktiv. Ein breites Recht auf Unterstützung ist das Mittel der Wahl. Die aktuelle Armutsentwicklung belegt, dass noch ein erheblicher Nachholbedarf an Unterstützung besteht, um Ausstiege aus der Armut zu unterstützen. Ausgehend von den sozialarbeiterisch konnotierten Einsichten in die Herausforderungen sozial und wirtschaftlich prekärer Lebensumstände geht es im nächsten Schritt darum, das sozialstaatliche Unterstützungsverständnis zu analysieren, auf das die Adressat:innen der Sozialen Arbeit mit ihren multiplen Belastungen angewiesen sind.

2.3 Sozialstaatliches Unterstützungsverständnis

In der Unterstützung von Menschen in wirtschaftlich und sozial prekären Lebenslagen, und längst nicht nur in diesem Arbeitbereich, sind neben der persönlichen Hilfe das soziale Umfeld, die kulturellen Bedingungen und einschlägige Rechtsnormen und Rechtsansprüche zu berücksichtigen. Erst dann werden die erforderlichen Ressourcen umfänglich einbezogen, die gebraucht werden, um die materielle Existenz der Menschen unter besonderer Beachtung der Grundsicherungs- und Sozialhilfeleistungen, der Wohnungsfinanzierung und der Arbeitsförderung zu sichern und ihre Teilhabe an der Gesellschaft zu fördern sowie soziale Ausgrenzung zu verhindern oder zu überwinden (vgl. Papenheim et al. 2018, 14f.). Im System der sozialen Sicherung erfolgt Unterstützung nach § 11 SGB I durch Dienst-, Sach- und Geldleistungen, wobei Dienstleistungen auch persönliche und erzieherische Hilfen umfassen. Die Aufzählung könnte den Eindruck erwecken, es handele sich hier um getrennte Leistungen. Wie die Ausführungen im vorangehenden Abschnitt schon gezeigt haben, lässt sich das soziale Problem Armut jedoch nicht auf monetäre Aspekte reduzieren, eine parallel ansetzende mehrdimensionale Unterstützung ist in den meisten Fällen begründet. Darüber hinaus bestehen Wechselwirkungen zwischen den einzelnen Leistungsarten. So könnte die Soziale Schuldenberatung als Dienstleistung dazu beitragen, dass Ratsuchende über für sie infrage kommende Geldleistungen informiert und zur Inanspruchnahme motiviert werden. Wie im ersten Sozialgesetzbuch umfassen auch die in der Sozialhilfe nach § 10 SGB XII vorgesehenen Leistungsformen Dienst-, Sach- und Geldleistungen, wobei hier Dienstleistungen insbesondere die Beratung in Fragen der Sozialhilfe und Beratung und Unterstützung in sonstigen sozialen Angelegenheiten betreffen. Die Themen Beratung und Unterstützung, ergänzt um Aktivierung, werden in § 11 SGB XII konkretisiert. Für das Verständnis sozialstaatlicher Unterstützung in wirtschaftlich und sozial prekären Lebenslagen sind die darin enthaltenen Hinweise exemplarisch, folgt doch die Sozialhilfe einem Armutsverständnis, das sich an materiellen und sonstigen Notlagen mit ihren Auswirkungen auf die Chancen, ein menschenwürdiges Leben in der Gemeinschaft zu führen, orientiert (vgl. Übersicht über das Sozialrecht 2019, 779).

Nach § 11 Abs. 1 SGB XII werden Leistungsberechtigte beraten und, soweit erforderlich, auch unterstützt. Offenkundig geht der Gesetzgeber davon aus, dass Unterstützung nur angeboten werden soll, wenn Beratung nicht ausreicht.

Beratung und Unterstützung – sozialhilferechtlich

Beratung ist nach § 11 Abs. 2 SGB XII dann ausreichend, wenn das Ziel der Sozialhilfe, die Sicherung eines menschenwürdigen Lebens einschließlich der Teilnahme am Leben in der Gesellschaft unter besonderer Beachtung der persönlichen Situation, der Bedarfe, ggf. auch in Bezug auf Budgetberatung, sowie der Selbsthilfekräfte zur Überwindung der Notlage ohne weitergehende Maßnahmen erreicht wird. Gelingt es Ratsuchenden, die in der Beratung erarbeiteten Themen in Eigenregie umzusetzen, ist eine weitergehende Unterstützung entbehrlich. Das Thema *Unterstützung* im engeren Sinn ist Gegenstand von § 11 Abs. 3 und 5 SGB XII. Danach geht es in der Unterstützung um die gleichen Themen wie in der Beratung, sie wird allerdings in einer stärker vermittelnden und bei Bedarf auch stellvertretenden Form umgesetzt. So handelt es sich im sozialhilferechtlichen Sinn um Unterstützung, wenn Hinweise auf und die Überleitung in unterschiedliche soziale Dienste im Mittelpunkt stehen und die Möglichkeiten der Teilnahme am Leben in der Gesellschaft einschließlich einer im Einzelfall zumutbaren Tätigkeit gefördert werden.

Unterstützung kreist demnach vor allem um vernetzende Tätigkeiten, sei es im formellen oder informellen Umfeld rat- und hilfesuchender Personen. Die Abgrenzung zur Beratung überzeugt nur begrenzt, denn auch die Beratung dient der Vermittlung und der motivationsfördernden Überleitung in ergänzende Angebote sowie der Förderung der Selbsthilfekräfte unter Einbeziehung des Umfeldes. Gleichwohl gelingt es, mit Beratung nach dem SGB XII zentrale Inhalte zu benennen, die im Recht auf Unterstützung zu beachten sind.

Beratung und Unterstützung erfordern diesem sozialhilferechtlichen Verständnis folgend sozialarbeiterische Kompetenzen, sei es bei den Mitarbeiter:innen der Sozialhilfeträger oder jenen in kooperierenden Diensten und Einrichtungen der freien und der mittlerweile verstärkt privat organisierten Wohlfahrtspflege. Die Beratung über diverse Sozialleistungsansprüche erfolgt bei Bedarf in Kombination mit der allgemeinen Lebensberatung und der Beratung in sonstigen sozialen Angelegenheiten, wobei alle Varianten der Förderung der sozialen Teilhabe dienen (vgl. Spindler 2019, 286). Auch wenn die folgende Charakterisierung der Beratungsinhalte nach dem Sozialhilferecht den Unterstützungsbegriff nicht ausdrücklich enthält, trifft sie auf Beratung und Unterstützung insgesamt zu:

»Beratung soll dem Ratsuchenden helfen, die konkreten gesetzlichen Leistungen zu erkennen und für sich zu nutzen, aber sich auch mit den konkreten gesellschaftlichen Handlungsanforderungen auseinanderzusetzen und diese im Rahmen seiner eigenen Autonomie in das subjektive Lebenskonzept zu integrieren« (ebd., 288).

Entscheidend für die weitere Konkretisierung des Unterstützungsverständnisses, das nach der hier vertretenen Auffassung Beratung umfasst, ist der Bezug auf das System der sozialen Sicherung, dessen Leistungen für die Linderung oder Überwindung der Armutsfolgen unverzichtbar sind, und die Einordnung auftretender Probleme in den gesellschaftlichen Kontext, in dem Menschen ihr Leben führen. Die ausdrückliche Berücksichtigung des gesellschaftlichen Kontextes in der Unterstützung trägt dazu bei, Probleme nicht zu individualisieren, Ziele der Unterstützung auf die gesellschaftlichen Bedingungen zu beziehen und Grenzen der Unterstützung aufzuzeigen, die nicht den Fachkräften, in welchen

Diensten und Einrichtungen sie auch immer tätig sind, oder den auf Unterstützung angewiesenen Menschen zuzuschreiben sind. Deutlich wird an dieser Stelle, dass die rechtliche Einrahmung sozialer Unterstützung, die nicht zuletzt für die Regelung der Finanzierung und der Zuständigkeit gebraucht wird, eine gewisse Elastizität aufweisen muss, um flexible Reaktionen auf wirtschaftlich und sozial belastete Menschen zu ermöglichen.

2.4 Unterstützungsspielräume im Sozialstaat

Sozialstaatliche Leistungen haben die Aufgabe, die Teilhabe an der Gesellschaft zu fördern. Damit einher geht die ökonomische Funktion, die komplementär zum marktwirtschaftlichen System darin besteht, Menschen darauf vorzubereiten, am Arbeitsmarkt teilzuhaben, ihre Arbeitskraft zu erhalten und sie in Zeiten zu unterstützen, in denen sie dazu vorübergehend oder dauerhaft nicht in der Lage sind. Die hinzukommende politische Funktion des Sozialstaates liegt in seiner sozialintegrativen und soziale Konflikte deeskalierenden Wirkung, die nicht zuletzt zur Loyalität der Bevölkerung gegenüber dem System beiträgt. Die kulturelle Bedeutung des Sozialstaates ergänzt engmaschige Nützlichkeitserwägungen durch die Wahrung humanitärer Werte der Unterstützung von Menschen in ganz unterschiedlichen Notlagen. Überdies ist auf die soziale Bedeutung des Sozialstaates zu verweisen, die in seinen sozialintegrativen Wirkungen zum Ausdruck kommen (vgl. Kaufmann 1997, 34f.). Unter Beachtung dieser zentralen Funktionen des Sozialstaates kommt es darauf an, Ausschließungen durch die Verteilung von Rechtsansprüchen, einschließlich solcher auf Sozialleistungen, zu vermeiden. Erst solche Beteiligungsoptionen stärken den Bürger:innenstatus und damit die Demokratie (vgl. Lessenich 2019, 25f.).

> **Unterstützungsrecht und Demokratie**
>
> Auf die große Bedeutung von Unterstützungsrechten für den Erhalt der Demokratie hat u. a. Crouch in seinem viel beachteten Essay über »Postdemokratie« (2020) hingewiesen. Je weiter der Staat Fürsorgerechte abbaut, so eine zentrale Annahme, desto größer ist die Gefahr, dass sich auf Unterstützung angewiesene Menschen vom Staat zurückziehen, beispielsweise indem sie ihr Wahlrecht nicht mehr wahrnehmen, weil aus ihrer Sicht ohnehin nur die Eliten den Ton im Staat angeben. Dieses Risiko nimmt in dem Maß zu, in dem sozialstaatliche Leistungen immer mehr auf elementare Hilfen reduziert werden und staatsbürgerliche Teilhaberechte auf der Strecke bleiben (vgl. Crouch 2020, 30f.). Das Recht auf Unterstützung sollte schon aus Gründen der Demokratieförderung breiter angelegt sein.

Die zentralen Funktionen des Sozialstaates im Sinne des in Artikel 20 Grundgesetz verankerten Sozialstaatsprinzips bestehen bei aller Offenheit in der Detailgestaltung darin, die individuelle Existenz der Bürger:innen zu sichern, ihre sozialen Teilhabechancen und den Zusammenhalt der Gesellschaft zu fördern (vgl. Lessenich 2012, 25). Dieses Sozialstaatsverständnis wird sozialrechtlich in § 1 SGB I konkretisiert. Dort heißt es programmatisch:

> »(1) Das Recht des Sozialgesetzbuchs soll zur Verwirklichung sozialer Gerechtigkeit und sozialer Sicherheit Sozialleistungen einschließlich sozialer und erzieherischer Hilfen gestalten. Es soll dazu beitragen,
>
> - ein menschenwürdiges Dasein zu sichern,
> - gleiche Voraussetzungen für die freie Entfaltung der Persönlichkeit, insbesondere auch für jungen Menschen zu schaffen,
> - die Familie zu schützen und zu fördern,
> - den Erwerb des Lebensunterhalts durch eine frei gewählte Tätigkeit zu fördern und
> - besondere Belastungen des Lebens, auch durch Hilfe zur Selbsthilfe, abzuwenden oder auszugleichen.
>
> (2) Das Recht des Sozialgesetzbuchs soll auch dazu beitragen, dass die zur Erfüllung der in Absatz 1 genannten Aufgaben erforderlichen sozialen Dienste und Einrichtungen rechtzeitig und ausreichend zur Verfügung stehen.«

Die Umsetzung dieses anspruchsvollen sozialpolitischen Programms erfordert unterschiedliche sozialpolitische Interventionen, in denen auch die Soziale Arbeit einen festen Platz hat:

1. **Rechtliche Interventionsform**
   Hierbei geht es um Schutzrechte wie beispielsweise den Mieter:innen- oder den Pfändungsschutz sowie um Anspruchsrechte auf unterschiedliche Sozialleistungen. Entscheidend ist, den rechtlichen Status der Bürger:innen zu verbessern, die nicht Bittsteller:innen, sondern Leistungsberechtigte sind. Um Rechte wahrnehmen zu können, ist ein Rechtsbewusstsein ebenso erforderlich wie der Ausgleich von Machtunterschieden in der Durchsetzung rechtlicher Positionen (vgl. Kaufmann 2009, 90f.).

2. **Ökonomische Interventionsform**
   Die Verbesserung der materiellen Lebenslage steht im Mittelpunkt dieser Interventionsform. Erst eine ausreichende Ressourcenausstattung ermöglicht soziale Teilhabe in einer Marktgesellschaft. Zu fragen ist nach der Höhe und Ausgestaltung der Leistungen und ihrer sozialadministrativen Erbringung. Je klarer die Leistungen und je einfacher der Weg zur Realisierung, desto höher ist die Chance, dass diese auch bei den Berechtigten ankommen (vgl. ebd., 92f.).

3. **Ökologische Interventionsform**
   Die Gestaltung des Lebensraums auch durch die Etablierung sozialer Dienste und Einrichtungen zählt zur Daseinsvorsorge. Erst wenn die soziale Infrastruktur auch hinreichend zugänglich ist, erfüllt sie ihre Funktion der Förderung sozialer Teilhabe und der Verbesserung der Lebenslage. Für die Inanspruchnahme bzw. für Barrieren der Inanspruchnahme sind anerkannte Punkte, die einen Zugang garantieren, individuelle Handlungsfähigkeiten, Wissen um Angebote, subjektiver Leidensdruck, die Zugangsbedingungen und die Qualität der Interaktion im Hilfeprozess ausschlaggebend (vgl. ebd., 96f.).

4. **Pädagogische Interventionsform**
   Die Steigerung der Handlungsfähigkeiten und der Handlungsmotivation prägt pädagogische Interventionen, die der Umsetzung eines Selbsthilfeanspruchs dienen. Im weiteren Sinn geht es um die Förderung sozialer Kompetenzen in sozialen Lernprozessen (vgl. ebd., 101f.).

Soweit Probleme standardisiert und mit generalisierten Angeboten gelöst werden können, dominieren einzelfallübergreifende gesetzliche Maßnahmen. Immer dann, wenn stärker auf den Einzelfall einzugehen ist, kommt die Soziale Arbeit als integraler Bestandteil der sozialen Interventionen ins Spiel. Die Durchsetzung von Rechtsansprüchen (*rechtliche Interventionsform*) erfordert teilweise individuelle Wissensvermittlung und die Förderung der Motivation der Ratsuchenden oder auch sozialarbeiterische Antragsbegründungen und Gutachten, die für Ermessensentscheidungen grundlegend sein können. Hinsichtlich der *ökonomischen Interventionsform* geht es sozialarbeiterisch im weiteren Sinn um die Erschließung und Organisation alltagsrelevanter Ressourcen. In der *ökologischen Interventionsform* geht es um Beiträge der Sozialen Arbeit zur Sozialplanung und um unterschiedliche Varianten der Gemeinwesenarbeit. In Bezug auf die *pädagogische Interventionsform* ist beispielsweise die soziale Beratung geeignet, Wissen und Kompetenzen zu vermitteln und Ratsuchende ganz konkret im Umgang mit rechtlichen, ökonomischen und ökologischen Aspekten ihrer Lebenslage zu unterstützen (vgl. Kaufmann 2012, 1298f.).

Das im Sozialrecht zum Ausdruck kommende Sozialstaatsverständnis, unter dessen Dach das Recht auf Unterstützung auch durch die Soziale Arbeit verwirklicht wird, ist recht elastisch, auch wenn dies in der Realität nicht immer zum Ausdruck kommt. Zu fragen ist, ob Verbesserungen der sozialstaatlichen Praxis jenseits grundlegend neuer Strukturen möglich sind, die gegenwärtig nicht auf der Tagesordnung stehen. Der Bedarf, die Praxis des Sozialstaats zu verbessern, ist sowohl empirisch als auch sozialethisch begründet.

Zunächst zur empirischen Lage: Die Zufriedenheit mit der öffentlichen Verwaltung bzw. der Bürokratie ist nach aktuellen Daten einer repräsentativen Zufallsstichprobe unterschiedlich verteilt. In der Gesamttendenz besteht große Zufriedenheit mit der Interaktion zwischen Bürger:innen und den Behörden. Die Zufriedenheitswerte von Menschen in benachteiligten Lebenslagen, geprägt von Erwerbslosigkeit, Altersarmut und finanziellen Problemen, sind allerdings deutlich geringer. Auf einer Skala von -2 bis +2 rangieren sie zwischen 0,7 und 0,8 (vgl. Datenreport 2021, 395). Die im Vergleich nach unten abweichenden Werte bei diesen Bevölkerungsgruppen hängen eng mit der Verständlichkeit von Formularen und Anträgen, zu langen Warte- und Bearbeitungszeiten, unzureichenden Informationen, nicht verständlichen Ablehnungsbescheiden und einem als unfreundlich und wenig kompetent erlebten Personal zusammen (vgl. ebd., 396f.). Die für die tendenziell negative Bewertung ausschlaggebenden Faktoren können ohne einen Systemumbau durch eine Überprüfung der gesetzlichen Regelungen hinsichtlich ihrer Unübersichtlichkeit und Komplexität sowie durch eine Reorganisation der Verwaltungsabläufe, die vor Willkür schützen sollen und die sich gegenüber den auf Unterstützung angewiesenen Menschen zu legitimieren haben und nicht umgekehrt, überwunden werden.

Wenn Menschen sich im Umgang mit der Bürokratie schlecht behandelt, zuweilen herabgesetzt fühlen, verweist dies auf Entwicklungen, die auch sozialethisch anstößig sind. Eine Demütigung hängt mit Verhaltensweisen und/oder Verhältnissen zusammen, die Menschen einen rationalen Grund geben, sich in ihrer Selbstachtung verletzt zu sehen (vgl. Margalit 1999, 23). Übertragen auf den Sozialstaat und seine Bürokratie stehen potenziell demütigende Elemente bei einer nicht ausreichenden Würdigung des Einzelfalls, einer Behandlung der Leistungsberechtigen als Nummer und nicht als Subjekt, der Unterstellung, dass sie Leistungen zu Unrecht beantragen und nur zu faul sind, für sich selbst zu sorgen, oder auch einer paternalistischen Bevormundung in der Sachbearbeitung im Raum. Überdies kann auch dann von einer Demütigung gesprochen werden, wenn erniedrigende Lebensverhältnisse nicht mit den Mitteln des Sozialstaats überwunden werden oder wenn Rechtsansprüche auf Leistungen immer weiter reduziert werden (vgl. ebd., 256f.). Liest man diese Kriterien unter der Vorgabe, wie sich Demütigungen im Sozialstaat vermeiden lassen, folgen daraus Anforderungen, wonach

- der Einzelfall in der Leistungsbearbeitung explizit zu würdigen ist,
- der unbegründete Verdacht auf Leistungsmissbrauch zu unterlassen ist,
- Menschen an Entscheidungen über ihre Anträge zu beteiligen sind,
- der Wille erkennbar wird, die benachteiligenden Lebensumstände zu überwinden, und
- ausreichende Rechtsgrundlagen zu schaffen sind, die dazu beitragen, das Risiko willkürlicher Entscheidungen zu vermeiden.

Darüberhinausgehend sind aus ethischer Sicht für die Erbringung von Sozialleistungen auch Anregungen von Immanuel Kant aktuell bedeutsam. Kants Überlegungen zur Würde des Menschen, ausgeführt in »Die Metaphysik der Sitten« (1797) im Kapitel über die Tugendpflichten gegen andere, werden noch heute für die Interpretation von Artikel 1 des Grundgesetzes herangezogen. Danach ist die Würde eines Menschen über jeden Preis erhaben, sie hat keine materielle oder finanzielle Entsprechung. Die Würde eines Menschen impliziert die Aufforderung, ihn zu keiner Zeit als Mittel zum Zweck zu gebrauchen, der Mensch ist immer Zweck seiner selbst, völlig unabhängig davon, was er (nicht) geleistet hat (vgl. Kant 2001, 354f.). Vor diesem Hintergrund heißt es bei Kant über den Umgang mit von Armut belasteten Menschen:

> »So werden wir gegen einen Armen wohltätig zu sein, uns für verpflichtet erkennen; aber weil diese Gunst doch auch Abhängigkeit seines Wohls von meiner Großmut enthält, die doch den anderen erniedrigt, so ist es Pflicht, dem Empfänger durch ein Betragen, welches diese Wohltätigkeit entweder als bloße Schuldigkeit oder geringen Liebesdienst vorstellt, die Demütigung zu ersparen und ihm seine Achtung für sich selber zu erhalten« (ebd., 336f.).

Leistungsberechtigten im System der sozialen Sicherung mit Achtung zu begegnen und ihnen eine auch ungewollte Demütigung zu ersparen beinhaltet, jede Form der Verdinglichung und damit der Beeinträchtigung ihrer Selbstbestimmung zu vermeiden. Martha Nussbaum hat, u. a. auf Kant zurückgreifend, Dimensionen der Verdinglichung konkretisiert, die ebenfalls handlungsleitend im Prozess der Erbringung von Sozialleistungen für die Leistungsträger und die Leistungserbringer sein sollten. In einer nicht abgeschlossenen Liste führt sie aus, wann es zu einer Verdinglichung kommt.

1. **Instrumentalisierung**
   Menschen werden als Zwecke von anderen behandelt, um eigene Ziele zu erreichen.
2. **Leugnung der Autonomie**
   Menschen werden so behandelt, als hätten sie keine Fähigkeit zu Autonomie und Selbstbestimmung

3. **Trägheit**
   Menschen wird unterstellt, dass sie keinen Antrieb und keine Handlungsfähigkeit besitzen, ihnen wird Passivität unterstellt.
4. **Austauschbarkeit**
   Menschen werden nicht in ihrer Individualität erkannt, sie sind für andere nur austauschbare Typen.
5. **Verletzbarkeit**
   Die Grenzen von Menschen werden in diesem Fall missachtet, man begegnet ihnen nicht mit Respekt.
6. **Besitzverhältnis**
   Ein Mensch wird behandelt, als würde er einem anderen gehören.
7. **Leugnung der Subjektivität**
   Das Erleben und Fühlen eines Menschen wird missachtet, es spielt im Umgang keine Rolle (vgl. Nussbaum 2002, 102).

Die Kriterien der Verdinglichungsrisiken im Blick zu behalten trägt dazu bei, die Würde eines Menschen, der auf Unterstützung angewiesen ist, zu achten. Für Sozialarbeiter:innen und andere Fachkräfte im sozialen Sicherungssystem können diese Überlegungen ein Kompass für die Gestaltung des Umgangs mit anderen Menschen sein. Für Nussbaum sind sämtliche Kriterien relevant, wobei sie die Leugnung der Autonomie und der Subjektivität in ihrer Bedeutung für die Vermeidung einer Verdinglichung besonders hervorhebt (vgl. ebd., 104). Menschen in armutsgeprägten Lebenslagen sind leichter als andere anfällig dafür, von Fachkräften schlecht behandelt zu werden, umso wichtiger ist ein sensibler Umgang, getragen von dem Anspruch, die Würde des und der Anderen nicht zu verletzen.

Ausgewählte Studien zeigen, dass diese Forderungen keineswegs abstrakt sind, sondern von unmittelbarer praktischer Bedeutung. In einer international angelegten Studie wurde der Frage nachgegangen, wie Stigmatisierung und Scham bei der Erbringung von Sozialleistungen vermieden werden können. Nach dem Ergebnis eines Vergleichs von sozialen Sicherungssystemen in Indien, Nordamerika, Norwegen, Uganda und China setzt dies drei Bedingungen voraus, die im deutschen System der sozialen Sicherung, zumal der Grundsicherung, ohne Weiteres realisiert werden können:

- Erstens ist eine Rechtsperspektive geboten, in der Leistungsansprüche geregelt sind, die willkürliche Entscheidungen vermeiden helfen. Dadurch wird die Selbstachtung der Leistungsberechtigten gefördert.
- Zweitens sind Ermessensspielräume für die Würdigung individueller Lebenslagen erforderlich, die es den Professionellen in der Sozialadministration erlauben, auf individuelle Bedarfe einzugehen und nicht nur schematisch zu verfahren.
- Drittens ist eine Verhandlungsorientierung weiterführend, in der eine Interaktion zwischen Leistungsberechtigten und den Mitarbeiter:innen der Verwaltung eine zentrale Rolle spielt. Leistungsberechtigte werden als Expert:innen ihres Lebens wahrgenommen, ihre Stimme zählt in der Ausgestaltung der Sozialleistung (vgl. Gubrium & Pellisery 2016, 7f.).

Diese drei Schritte könnten sofort im System der sozialen (Grund-)Sicherung umgesetzt werden, sie setzen eine entsprechende Haltung und Professionalität im Umgang mit der Sozialgesetzgebung voraus, in der Spielräume für diese Vorgehensweisen bereits heute bestehen. Auch für die Begleitung von Leistungsberechtigten durch Fachkräfte der Sozialen Arbeit böte eine solche Qualität der Erbringung von Sozialleistungen Vorteile, denn in der Rechtsanwendung erhielten soziale Argumente ein höheres Gewicht. Es käme seltener zu Konflikten, die Folgen bis hin zu Sozialgerichtsverfahren nach sich ziehen. Am wichtigsten ist jedoch, dass Leistungsberechtigte unter diesen Voraussetzungen am ehesten zur Mitwirkung motiviert werden und sich in den einzelnen Maßnahmen mit ihren Ideen und Vorstellungen wiederfinden.

Für einen teilhabeförderlichen und menschenwürdigen Umgang mit von Armut betroffenen Menschen sind auch die Forschungsergebnisse der jüngst mit dem Nobelpreis für Ökonomie geehrten Ökonomen Abhijit V. Banerjee und Esther Duflo weiterführend. Um Desillusionierungen zu überwinden und negative gesellschaftliche und politische Implikationen von Armut zu vermeiden, sind aus ihrer Sicht fünf Aspekte bedeutsam:

- Erstens geht es in Öffentlichkeitskampagnen darum, Informationen über Unterstützungsangebote angemessen zu vermitteln und falsche Informationen zu korrigieren.
- Zweitens sollten Anforderungen vermieden werden, die weit über den aktuellen Horizont der von Armut betroffenen Menschen hinausweisen; stattdessen geht es um Anstöße und Formen der Unterstützung, die eine unmittelbare Entlastung im Alltag darstellen, beispielsweise Zugänge zu Sozialleistungen oder die Verbesserung der Arbeits- und Wohnsituation.
- Drittens sind Marktzugänge zu unterschiedlichen Leistungen ungleich verteilt. Dort, wo der Markt versagt, sind staatliche Regulierungen erforderlich, etwa in den Bereichen Miete, Kreditzugänge oder ärztliche Versorgung.
- Viertens werden armutsüberwindende Maßnahmen in ihrer Wirksamkeit verbessert, wenn sie an die Lebenswirklichkeit der Menschen anschließen und mit den Adressat:innen abgestimmt werden, um ideologische Verzerrungen, Unwissenheit und Trägheit beizukommen.
- Schließlich wird fünftens aus unterschiedlichen Forschungsbefunden abgeleitet, dass es darauf ankommt, die Amtsführung zu verbessern, Regelungen und Gesetze einzuhalten und negative Klischeevorstellungen über auf Unterstützung angewiesene Menschen zu überwinden (vgl. Banerjee & Duflo 2012, 346f.).

Die Umsetzung dieser als zentral erachteten Punkte setzt eine Haltung voraus, die folgendermaßen charakterisiert wird:

> »Wenn wir das träge, schematische Denken aufgeben, das jedes Problem auf die gleichen allgemeinen Prinzipien reduziert, wenn wir den Armen richtig zuhören und uns bemühen, die Logik ihrer Entscheidungen zu verstehen, wenn wir akzeptieren, dass wir uns irren können, und jede scheinbar noch so vernünftige Idee strengen empirischen Tests unterziehen, dann werden wir nicht nur in der Lage sein, effektive Maßnahmen zu entwickeln, sondern auch besser verstehen, warum die Armen so leben, wie sie leben« (ebd., 351f.).

Die referierten programmatischen Überlegungen eines die Rechte des und der Einzelnen achtenden Sozialstaats sind in den etablierten bürokratischen Strukturen grundsätzlich umsetzbar. Entgegen der verbreiteten Sicht einer ineffizienten und abzubauenden Bürokratie ist auf deren unverzichtbare Rolle in der Daseinsvorsorge und der Daseinsnachsorge sowie für die Sicherung der Demokratie hinzuweisen.

»Es ist die bürokratische Verwaltung, die eine flächendeckende Versorgung mit öffentlichen Gütern und insbesondere die Daseinsvorsorge garantiert. Zugleich verbindet sie diese abstrakte Sozial- und Wohlfahrtsstruktur mit der konkreten Prüfung jedes individuellen Einzelfalls, um die freie und gleiche Entfaltung aller Bürgerinnen und Bürger in der der Bundesrepublik zu gewährleisten« (Kersten, Neu & Vogel 2020, 27).

In der Auseinandersetzung mit dem Recht auf Unterstützung geht es also nicht darum, Bürokratie zu bekämpfen oder als Gegnerin zu betrachten, das machen schon diejenigen, die sie immer weiter kommerzialisieren und privatisieren, sondern ganz im Gegenteil um die Erhaltung bürokratisch berechenbarer Strukturen, in denen Menschen, die auf Unterstützung angewiesen sind, auf Menschen treffen, die ihr Mandat darin sehen, allen die sozialstaatlich vorgesehenen und intendierten Hilfen für die Entfaltung ihrer Potenziale und die Teilhabe an den Errungenschaften der Gesellschaft zukommen zu lassen. Eine in diesem Sinne agierende Verwaltung berücksichtigt in ihren responsiven Reaktionen, die in Ermessensspielräumen angelegt sind, die Umstände von Einzelfällen. Die Umsetzung eines so verstandenen Verwaltungshandelns fordert ein Ethos der persönlichen Verantwortung von Mitarbeiter:innen (vgl. Seibel 2017, 78f.). Hierbei ist zu berücksichtigen, dass soziale Dienstleistungen, die für das Recht auf Unterstützung bedeutsam sind, in der Regel keiner Konditionalprogrammierung folgen, sondern an Zielen orientiert erbracht werden, deren Realisierung professionelles Handeln erfordert (vgl. Ortmann 2012, 771).

Unterstützung in sozialökonomischen prekären Lebensumständen ist im System der sozialen (Grund-)Sicherung vielfältig verankert. Aus systematischer Sicht spricht nichts dagegen, ein komplexes Unterstützungsrepertoire je nach Lage des Einzelfalls zu realisieren. Betrachtet man hingegen die sozialstaatliche Realität mit Blick auf die Qualität der Unterstützung, entsteht teilweise ein ganz anderes Bild, das im folgenden Kapitel erörtert wird.

3 Infragestellung des Rechts auf Unterstützung im aktivierenden Sozialstaat

Das Recht auf Unterstützung sollte in einer sozial und sozialstaatlich organisierten Gesellschaft selbstverständlich sein, doch davon kann man gegenwärtig nicht mehr in jedem Fall ausgehen, zumindest wenn man ein breites Unterstützungsverständnis, wie es ausgeführt wurde (▶ Kap. 2), zugrunde legt. Unterstützung gerät immer stärker in den Sog einer Verwertungslogik. Gefragt wird, ob der Aufwand ökonomisch lohnt, etwa für Jugendliche in Schwierigkeiten oder für Erwerbslose. Die Infragestellung des Rechts auf Unterstützung erfolgt aus verschiedenen Richtungen, die hier auf drei zentrale Bereiche bezogen werden.

Kapitelüberblick

Zunächst geht es um die Implikationen des sogenannten aktivierenden Sozialstaates, in dem Eigenverantwortung und die bedingungslose Bereitschaft zur Arbeit gefordert werden (▶ Kap. 3.1). Neben der Problematisierung des Rechts auf Unterstützung in der sozialpolitischen Agenda tragen auch bestimmte Lesarten des Empowerments dazu bei, Unterstützung infrage zu stellen (▶ Kap. 3.2). Schließlich wirken sich auch Ambivalenzen des Hilfeverständnisses teilweise negativ auf das Recht auf Unterstützung aus, besonders dann, wenn private Hilfen idealisiert und sozialstaatliche Hilfen problematisiert werden (▶ Kap. 3.3).

3.1 Das Recht auf Unterstützung im aktivierenden Sozialstaat

Die Strukturprinzipien des sogenannten aktivierenden Sozialstaates haben das Recht auf Unterstützung verändert. Die Rahmenbedingungen dieses Sozialstaatsmodells strahlen unmittelbar auf die Soziale Arbeit aus. An die Soziale Arbeit wird vermehrt die Aufgabe delegiert, individuelle Reproduktionsprobleme der Adressat:innen zu bearbeiten, sie steht insofern unter wachsendem ökonomischen Legitimationsdruck. Eine kritische Auseinandersetzung mit den gesellschaftlichen Rahmenbedingungen erfolgt hingegen immer seltener, stattdessen kommt es zu einer Durchsetzung von Normalitätsvorstellungen, in denen der Verwertungsgedanke dominiert (vgl. Dahme & Wohlfahrt 2017, 118f.).

Im Wesentlichen werden hier wegen der paradigmatischen Bedeutung die Regelungen des SGB II, bekannt als Hartz-IV-System, ins Visier genommen, das 2005 in Kraft getreten ist – auch wenn unmittelbar einsichtig ist, dass die Vermeidung und Überwindung sozial und wirtschaftlich prekärer Lebensumstände weitere sozialstaatliche Leistungen erfordern.

Das SGB II repräsentiert ein umfassendes sozialpolitisches Gesetzeswerk hinsichtlich der Sicherung der Existenzgrundlagen von derzeit rund sechs Millionen Menschen. Hiervon sind nur rund 28 Prozent arbeitslos, zu den Leistungsberechtigten zählen darüber hinaus Kinder und Jugendliche, Personen in Ausbildung und Arbeitsförderungsmaßnahmen sowie Erwerbstätige, die auf aufstockende Leistungen angewiesen sind (vgl. Bäcker 2019a, 42). Am Beispiel des SGB II wird die sozialpolitische Idee des aktivierenden Sozialstaates der Agenda 2010 dahingehend analysiert, inwieweit das Recht auf Unterstützung in sozial und wirtschaftlich prekären Lebenslagen infrage gestellt und damit auch die Arbeitsgrundlage der Sozialen Arbeit hinsichtlich eines breiteren Unterstützungsverständnisses problematisch wird. Das SGB II steht wie das SGB XII in der Tradition des Bundessozialhilfegesetzes (BSHG), das 1961 verabschiedet wurde und 1962 in Kraft getreten ist. Das BSHG wurde 2005 durch das SGB II und XII abgelöst. Seine für die Auseinandersetzung mit dem Recht auf Unterstützung überragende Bedeutung als soziales Reformwerk liegt darin, dass hier zum ersten Mal ein einklagbarer Rechtsanspruch auf materielle und persönliche Unterstützung für ein menschenwürdiges Leben gesetzlich verankert wurde (vgl. Föcking 2010, 103).

Ein wesentlicher Impuls für das BSHG ging von einem Urteil des Bundesverwaltungsgerichts vom 24.06.1954 unter dem Aktenzeichen V C 78.54 aus. Ohne auf den strittigen Sachverhalt einzugehen, der hier vernachlässigt werden kann, stellte das Bundesverwaltungsgericht ein Recht auf Fürsorge, verbunden mit einklagbaren Ansprüchen, fest. Das Gericht beruft sich in seiner Begründung auf die Wertvorstellungen des Grundgesetzes, die es verbieten, um Fürsorge nachsuchende Menschen weiterhin wie in der alten Armenordnung als Objekte zu betrachten, denen im Interesse der öffentlichen Ordnung Hilfe gewährt wird. Fürsorgeberechtigte sind mit ihren Rechten und Pflichten als Bürger:innen anzusehen, die bei einer Verletzung ihrer Rechte die Gerichte anrufen können. Die maßstabsetzende Bedeutung dieses Urteils ordnet Hinrichs wie folgt ein:

»Der durch die Gewährung von Rechtsansprüchen markierte Perspektivwechsel gilt als historische Errungenschaft und Gütesiegel jedweder sozialen Leistung, sei es der ärztlichen Versorgung bei Krankheit, der Leistungen zur Existenzsicherung oder der Hilfen zur Erziehung in der Jugendhilfe« (Hinrichs 2020, 164).

Hinsichtlich des Rechts auf Unterstützung ist heute darauf zu achten, dass aus Rechten nicht nach und nach in Teilbereichen freiwillige, auf Zuwendungen basierende Leistungen werden, die nicht eingeklagt werden können. Die Reformen der letzten 20 Jahre weisen genau in diese Richtung, der Rechtsanspruch auf Sozialleistungen wird immer wieder infrage gestellt (vgl. ebd., 170). Den Rahmen dafür liefert der sogenannte aktivierende Sozialstaat.

Die Idee des aktivierenden Sozialstaates wurde maßgeblich von dem britischen Soziologen Anthony Giddens geprägt. In seinen Überlegungen zum »dritten Weg« sind die zentralen Vokabeln und Ansätze angelegt, die bis heute die Diskussion prägen.

3 Infragestellung des Rechts auf Unterstützung im aktivierenden Sozialstaat

> **Der »dritte Weg«**
>
> Der »dritte Weg« als Reformvorschlag für den Sozialstaat steht dafür, die Handlungsspielräume der Einzelnen durch unterstützende Angebote bzw. Investitionen in Humankapital und die Infrastruktur, etwa im Bildungssektor, im Interesse von Chancengerechtigkeit zu fördern. Die Verbesserung der Chancen, so die Annahme, trägt dazu bei, eine nachträgliche Umverteilung so weit wie möglich zu vermeiden. Kommt es dennoch zu Leistungsansprüchen, gilt das Motto, dass es keine Rechte ohne Verpflichtungen geben soll, mithin geht es darum, das Verhältnis von Individuum und Gesellschaft durch eine Balance von Rechten und Pflichten neu zu justieren. Allen Bürger:innen soll im »dritten Weg« eine Beteiligung an der Gesellschaft ermöglicht werden, sie erhalten Ressourcen, die es ihnen erlauben, auch Risiken einzugehen, und nur dann, wenn sie nicht arbeiten können, werden ihre Grundbedürfnisse mit öffentlichen Mitteln befriedigt. Der »dritte Weg« steht nach Giddens durch die Bereitstellung von Ressourcen für eine Stärkung der Bürger:innenrechte, verbunden mit einer umfassenden Beteiligung an der Gesellschaft mit ihren ganz unterschiedlichen Errungenschaften (vgl. Giddens 1999, 81f.).

In der Quintessenz steht der aktivierende Sozialstaat in seiner aktuellen politischen Gestalt dafür, dass jede:r Einzelne Verantwortung für ihr bzw. sein Leben zu übernehmen hat und nur in anerkannten Notlagen auf sozialstaatliche Unterstützung zurückgegriffen werden darf. Was als Notlage anerkannt wird, unterliegt einem Wandel sozialpolitischer Vorstellungen. Die Hinwendung zum Primat der Eigenverantwortung und Selbstentfaltung steht für einen kulturellen Wertewandel, in dem Solidarität auf dem Rückzug ist, Singularität und das subjektive Erleben hingegen im Mittelpunkt stehen (vgl. Reckwitz 2019, 83f.). In diesem Zusammenhang kommt es zu einer immer weiter voranschreitenden ökonomischen Betrachtung des Sozialen und darin eingelassen zur Problematisierung des Rechts auf Unterstützung. Von der überhöhten Ausrichtung auf Eigenverantwortung und Selbstentfaltung ist

3.1 Das Recht auf Unterstützung im aktivierenden Sozialstaat

der Weg nicht weit zu einer marktwirtschaftlichen Gestaltung des Systems der sozialen Sicherung, verbunden mit dem Risiko der Überforderung von Individuen, die nicht Schritt halten können, sei es aus Krankheitsgründen, wegen familiärer Probleme oder Zufällen des Marktes (vgl. ebd., 193f. und 233). Die ökonomische Ausrichtung im Sozialstaat geht u. a. mit einer Deregulierung von Sozialleistungen einher, verbunden mit dem Glauben, eine marktorientierte Ausrichtung würde Effektivitätsprobleme lösen und unterstellte Abhängigkeiten vom Sozialstaat verringern (ebd., 263). In einer dichotomen Betrachtung von Markt und Staat werden staatliche Sozialleistungen viel zu schnell als ineffektiv und ineffizient diffamiert, gleichzeitig werden die Grenzen des Marktes nicht gesehen, wenn es um ganz unterschiedlich bedingte Vulnerabilitäten von Menschen geht, die ein Recht auf Unterstützung erfordern.

Wegen der prominenten Bedeutung, die das Thema Verantwortung und Eigenverantwortung im aktivierenden Sozialstaat genießt, lohnt an dieser Stelle eine genauere Betrachtung. Verantwortung als normatives Konstrukt setzt aufseiten des handelnden Menschen voraus, dass er auf der Grundlage abgewogener Gründe sein Handeln organisiert und dabei nicht unmittelbaren Impulsen oder anderen Zwängen unterliegt (vgl. Nida-Rümelin 2011, 28f.). Wer über die Verantwortung eines Menschen urteilt, ist darauf verwiesen, sich mit den Gründen für durchgeführte Handlungen zu befassen. Versäumt beispielsweise ein Erwerbsloser einen Termin im Jobcenter, um sich vor einer befürchteten Überforderung zu schützen, ist dies aus seiner Sicht allemal begründet oder rational und eigenverantwortlich, während die Regelungen in § 31 SGB II eine Sanktion in Form einer Leistungskürzung dafür vorsehen. Die in diesem Fall wahrgenommene Eigenverantwortung in Verbindung mit der Vermeidung einer persönlichen Überforderung – ein nachvollziehbares Motiv – ist in der reduzierten Version der Verantwortung im Sozialrecht gar nicht vorgesehen, müsste dort aber verankert werden, um den Umgang mit Leistungsberechtigten adäquat zu gestalten. Hinzu kommt, dass die Voraussetzungen für die Wahrnehmung von Verantwortung vielfach erst hergestellt werden müssen, bevor Verantwortung übernommen werden kann. Die Wahrnehmung von Verantwortung setzt Freiheit voraus, die durch die Bereitstellung probater persönlicher, sozialer, politischer und wirtschaftlicher Unterstützung erst hergestellt wird (vgl. ebd., 16). Für die Zuweisung von Verantwortung im aktivierenden Sozialstaat, die immer Auswirkungen auf das Recht auf Unterstützung hat, folgt aus diesem Gedanken, dass man viel genauer über den Zeitpunkt nachdenken sollte, wann Menschen für ihr Handeln verantwortlich gemacht werden. Verantwortung schon zu Beginn eines Unterstützungsprozesses per se vorauszusetzen verkennt vielfach die begrenzten Handlungsspielräume, die Leistungsberechtigten zu diesem Zeitpunkt zur Verfügung stehen.

Zurück zur Verantwortung in der Lesart des aktivierenden Sozialstaates. Sie steht für einen vorausschauenden Umgang mit eigenen Ressourcen, seien es persönliche, soziale, materielle oder gesundheitliche, um Belastungen oder Risiken möglichst zu vermeiden und im Bedarfsfall so umfänglich wie irgend möglich an der raschen Überwindung mitzuwirken und erwerbstätig zu werden. Diese Idee ist keineswegs neu, sie prägt den subsidiär konzipierten Sozialstaat seit seinen systematischen Anfängen in den 1880er Jahren mit dem Beginn der Sozialversicherungssysteme unter Bismarck.

Das traditionelle Subsidiaritätsverständnis

Die der katholischen Soziallehre entnommene Idee der Subsidiarität wird herangezogen, um deutlich zu machen, dass jede:r zunächst vorhandene Eigenkräfte ausschöpfen muss, bevor nachrangig gesellschaftliche und staatliche Hilfen in Anspruch genommen werden dürfen. Im Sinne der Subsidiarität sind Hilfen dann ungeeignet, wenn sie die Eigenkräfte der Menschen schwächen. Auf der anderen Seite bedeutet Subsidiarität zugleich, Menschen erforderliche unterstützende Maßnahmen bereitzustellen, ihnen hilfreichen Beistand zu leisten, der sie befähigt, ihre Eigenkräfte zu nutzen und ihre Potenziale zu entfalten (vgl. von Nell-Breuning 1990, 79f.). In dieser klassischen Lesart des Subsidiaritätsprinzips steht das Individuum im Mittelpunkt, insofern geht es um eine liberale Gesellschaftskonzeption.

3.1 Das Recht auf Unterstützung im aktivierenden Sozialstaat

Der Nestor der katholischen Sozialehre, Oswald von Nell-Breuning, der seinerzeit die päpstliche Enzyklika »Quadragesimo Anno« (1931) ins Deutsche übersetzt hat, in der das Subsidiaritätsprinzip seinen systematischen Ausdruck fand, ordnet Hilfeleistungen absolut nachrangig ein, wenn er schreibt:

> »Hilfe wird nicht geleistet um der Staatsräson, nicht um der Glorie einer Partei oder einer Bewegung willen, sondern um dessentwillen, der Hilfe braucht und dem um seiner Hilfebedürftigkeit willen geholfen werden muss; diese Hilfe darf ihn, seine Selbsttätigkeit und Selbstverantwortung nicht ausschalten, sondern hat ihr zu dienen, sie zu stärken, nach Bedarf zu ergänzen und nur im äußersten Fall zu ersetzen« (von Nell-Breuning 1999, 238).

Hilfe wird nach diesem Verständnis von Subsidiarität nur im äußersten Fall gewährt. Dies beinhaltet das Risiko, dass Menschen überfordert werden und so lange auf Hilfe warten müssen, bis Probleme eskaliert oder vielleicht sogar irreversibel verfestigt sind. Wer beispielsweise erst im äußersten Fall auf eine Schuldenberatung, eine Wohnungssicherungsmaßnahme oder eine psychotherapeutische Behandlung zurückgreifen kann, befindet sich in der Gefahr, dass die Hilfe zu spät einsetzt und Spielräume für die Entfaltung der Eigenkräfte nicht mehr bestehen. Pfändungen bei Überschuldung, der Verlust der Wohnung oder die Überforderung des persönlichen Umfeldes bei einer psychischen Störung hinterlassen langfristige negative Spuren. Eine überzogen liberale Auffassung von Subsidiarität lässt zu wenig Raum für präventive Hilfen, die nicht erst dann einsetzen, wenn keine Alternative mehr vorliegt. Auch in einem neueren Subsidiaritätsverständnis, das von den traditionellen gesellschaftlich-hierarchischen Vorstellungen der katholischen Sozialehre Abstand nimmt, in denen noch die Familie als Keimzelle der Gesellschaft gesehen wird, ist das Risiko angelegt, das Recht auf Unterstützung zu schwach zu konzipieren.

Das Subsidiaritätsverständnis heute

Im neueren Subsidiaritätsverständnis werden Selbsthilfegruppen, Netzwerke und ganz unterschiedliche Varianten der selbstorganisierten Hilfe als zu bevorzugender Gegenentwurf gegenüber einer

> überzogenen Professionalisierung und einer bürokratisch-lebensweltfernen Sozialverwaltung präferiert. Die lebensweltnahen Formen der Hilfe sind danach deutlich besser geeignet, Eigenaktivität und Selbstverantwortung in kultureller Vielfalt zu fördern (vgl. Sachße 2003, 210f.).

Diese Auffassung ist nachvollziehbar, sie verkennt allerdings, dass komplexe soziale Probleme neben unterschiedlichen Formen der Selbsthilfe professionelle Angebote erfordern. Klüger wäre es, von einer Komplementärbeziehung zwischen Selbsthilfe und professioneller Hilfe auszugehen, um damit Überforderungen auf beiden Seiten möglichst zu vermeiden. Das Recht auf Unterstützung steht nicht konträr zur Selbsthilfe im weiteren Sinn, sondern ergänzend.

Entscheidend ist das Verhältnis von Leistung und Gegenleistung, Geben und Nehmen oder Fördern und Fordern. Der aktivierende Sozialstaat, der insbesondere in Reformgesetzen zum Ausdruck kommt, die Dienstleistungen am Arbeitsmarkt betreffen, tritt gewissermaßen an, das wegen vermeintlich ausufernder Sozialleistungen aus dem Ruder gelaufene Verhältnis von staatlicher Fürsorge, Freiheit und Eigenverantwortung wieder ins Lot zu bringen (vgl. Übersicht über das Sozialrecht 2019, 3). Dabei wird übersehen, dass die Sozialleistungsquote, die das Verhältnis von Sozialleistungen zum nominalen Bruttoinlandsprodukt ausdrückt, seit vielen Jahren auf einem ähnlichen Niveau liegt, es kann also keine Rede davon sein kann, dass Sozialleistungen über Gebühr ausgebaut worden seien. Seit Ende der 1990er Jahre liegt die Sozialleistungsquote zwischen rund 28 und 30 Prozent, zuletzt 2017 bei genau 29,6 Prozent. Deutschland liegt damit im Mittelfeld der Sozialausgaben in der Europäischen Union (vgl. ebd., 1300). Trotz dieses Sachverhalts waren es vor allem fiskalische Argumente, die dem aktivierenden Sozialstaat politisch den Weg geebnet haben. Die vermeintlichen Finanzierungsprobleme wurden herangezogen, um den Sozialstaat dahingehend umzubauen, primär Aktivierungsmittel bereitzustellen, um Selbsthilfe, Eigeninitiative und Selbstsorge der Bürger:innen zu fördern (vgl. Böhnisch & Schröer 2012, 78f.).

Menschen zu fördern, sie an ihre Eigenverantwortung zu erinnern und eine Gegenleistung für sozialstaatliche Unterstützung zu erwarten, wird von den Befürworter:innen des aktivierenden Sozialstaats als emanzipatorische Grundidee deklariert (vgl. Übersicht über das Sozialrecht 2019, 3). Angesichts der konkreten Umsetzung des Forderns und Förderns, etwa im SGB II, erscheint die Charakterisierung des aktivierenden Sozialstaates als Umsetzung einer emanzipatorischen Idee doch zumindest gewagt, wenn nicht zynisch. Wer im Fall von Erwerbslosigkeit jedwede in einem sehr weit gefassten Sinn zumutbare Tätigkeit aufnehmen und im Fall einer Weigerung mit leistungskürzenden Sanktionen rechnen muss, erlebt einen punitiven und keinen emanzipativen Sozialstaat.

> **Emanzipation**
>
> Emanzipation steht wortgeschichtlich für die Befreiung von Fremdbestimmung und die Ermöglichung von Selbstständigkeit. Im übertragenen Sinn geht es um die individuelle und kollektive Befreiung von Abhängigkeiten, die Ermöglichung eines mündigen und selbstbestimmten Lebens sowie die Überwindung unterdrückender Herrschaftsverhältnisse (vgl. Oelschlägel 2013, 239f.).

Der Zwang zur Mitwirkung im aktivierenden Sozialstaat – gemeint ist die Anpassung an vorgegebene Schemata wie etwa die Aufnahme einer beliebigen Erwerbstätigkeit – hat mit Emanzipation nichts zu tun. Aus Sicht der Sozialen Arbeit geht es in der Befähigung darum, die sozialökonomischen Lebensbedingungen zu verbessern und eine sozialarbeiterische Unterstützung, die integraler Bestandteil des Sozialstaates ist, zu realisieren und Menschen darin zu unterstützen, ihre Lebenschancen so wahrzunehmen, dass sie sich subjektiv verwirklichen, was deutlich über eine reine Erwerbsbeteiligung hinausweist (vgl. Böhnisch & Schröer 2018, 434).

Die zunehmende Verlagerung sozialstaatlicher Aufgaben der Existenzsicherung in den privaten Bereich unter dem Vorzeichen der Eigenverantwortung steht für eine Remoralisierung des Sozialstaates. Eigenaktivitäten gelten als höherwertig denn Unterstützung, Themen wie

Verantwortung und Schuld spielen im Sozialstaatsdiskurs heute eine immer größere Rolle (vgl. Lessenich 2012, 125f.). Individuen haben sich um ihre Belange zu kümmern und die Gemeinschaft nicht zu belasten. Wer sich nicht ausreichend eigenverantwortlich erweist, verhält sich danach unmoralisch und wird zur Rechenschaft gezogen. Hinter diesem Menschenbild steht eine neoliberale Überhöhung des Marktes, verbunden mit der Überzeugung, dass Armut und Notlagen ganz überwiegend die Folge persönlichen Versagens oder zufälliger Ereignisse wie Trennung oder Krankheit seien (vgl. Butterwegge 2019b, 98). Dieses Verständnis von Armut und Angewiesenheit auf Sozialleistungen prägt auch die Armutsberichterstattung der Bundesregierung. Im 2. Armuts- und Reichtumsbericht (2005) stehen in Anlehnung an Amartya Sen und den u. a. auf ihn zurückgehenden Capabilities Approach Verwirklichungschancen im Mittelpunkt, die zur Verfügung gestellt werden sollen, um Armut zu überwinden. Im 3. Armuts- und Reichtumsbericht dominieren dann Fragen von Bildung und beruflicher Qualifikation mit Blick auf die Förderung der Teilhabe am Arbeitsmarkt als bevorzugte Strategie gegen Armut (vgl. ebd., 39f.). Diese Lesart von Armut und Notlagen, in der insbesondere persönliches Engagement zur Überwindung gefordert wird, steht konträr zu den von den Klassiker:innen der politischen Ökonomie bis zum aktuellen Diskurs über soziale Ungleichheit konstatierten Zusammenhang zwischen Armut und Wirtschaftssystemen (vgl. Wehler 2013, 16). Im aktivierenden Sozialstaat wird dieser grundlegende Zusammenhang weitgehend ignoriert, die strukturellen Ursachen von Armut werden nicht gebührend gewürdigt, stattdessen werden Rechte auf Unterstützung teilweise diffamiert als Beitrag zur Schwächung der Leistungsbereitschaft der Bevölkerung. Auch darin wird der neoliberale Geist, der hinter den Reformen steht, erkennbar.

Neoliberalismus

Neoliberalismus steht nicht allein für eine Wirtschaftsdoktrin, die den Markt als zentrales Steuerungsorgan völlig überbetont, vielmehr geht es um grundlegende gesellschaftliche Veränderungen, die auf das Verhältnis von Staat, Markt, Gesellschaft, Öffentlichkeit, Familie

3.1 Das Recht auf Unterstützung im aktivierenden Sozialstaat

> und Individuen dahingehend ausstrahlen, dass Aufgaben des Sozialstaates zunehmend in den privaten Bereich verlegt werden und der Staat seine vorrangige Aufgabe darin sieht, für Wettbewerb in möglichst allen Lebensbereichen einschließlich des sozialen Sektors zu sorgen (vgl. Anhorn 2020, 90f.).

Die Fixierung auf Erwerbsarbeit im aktivierenden Sozialstaat, die auch mit dem Wandel von »Welfare« zu »Workfare« umschrieben wird, konterkariert die von Giddens eingebrachte Idee einer breiten Chancengerechtigkeit ebenso wie den Anspruch, das Verhältnis von Fürsorge und Freiheit ausgewogen zu gestalten. Die Soziale Arbeit im aktivierenden Sozialstaat wird immer mehr darauf reduziert, in der Jugendarbeit auf Erwerbsarbeit vorzubereiten und im Fall von Erwerbsproblemen im Erwachsenenalter diese möglichst unverzüglich überwinden zu helfen. Hinsichtlich der Auseinandersetzung mit dem Recht auf Unterstützung ist festzustellen, dass von den Dienstleistungen am Arbeitsmarkt in erster Linie Leistungsberechtigte mit positiven Vermittlungsaussichten profitieren. Auf der Strecke bleiben vor allem Langzeitarbeitslose, Menschen mit unterschiedlichen Beeinträchtigungen und Vermittlungshemmnissen, ältere Menschen und Menschen mit Migrationshintergrund. Nicht Strukturfragen von Armut und Erwerbslosigkeit werden aufgegriffen, vielmehr geht es darum, den individuellen Druck zu erhöhen, sich um jeden Preis um eine Arbeit zu bemühen (vgl. Butterwegge 2018, 183f.). Dahinter steht eine ökonomische Renditeerwartung auch gegenüber sozialarbeiterischen Unterstützungsmaßnahmen, von denen ein gesellschaftlicher Mehrwert erwartet wird. Investitionen in den sozialen Sektor sollen sich wirtschaftlich messbar lohnen. Die sozialstaatlich eingebrachten Ressourcen sollen sich gewissermaßen auszahlen. Dafür werden Messinstrumente wie Kennzahlen, Fallsteuerung, Benchmarking oder wirkungsorientierte Vergütungen implementiert, Erfolge werden u. a. am »Social Return on Investment« gemessen (vgl. Burmester & Wohlfahrt 2018, 14f.). Das Spektrum der Sozialen Arbeit ist gleichwohl breiter anzulegen, das Recht auf Unterstützung muss davor bewahrt werden, nur noch dann durchsetzbar zu sein, wenn ein ökonomischer Ertrag zu erwarten ist.

Zu fragen ist, ob die Ergebnisse der Reform hin zu einem aktivierenden Sozialstaat seit dem ausgehenden 20. Jahrhundert es rechtfertigen, von einem Erfolg zu sprechen. Hinsichtlich der Verringerung der Erwerbslosigkeit wird der signifikante Rückgang seit Einführung des SGB II auf die Gesetzesreform zurückgeführt (vgl. u. a. Walwei 2019, 12f.). Übersehen wird, dass komplexe ökonomische und gesellschaftliche Entwicklungen häufig nicht ausschließlich auf einen Faktor kausal zurückgeführt werden können. Ohne Wirtschaftswachstum und günstige Absatzmöglichkeiten, die nicht auf das SGB II zurückgeführt werden können, hätte es keine Zunahme der Beschäftigung gegeben. Jenseits der Arbeitsmarktentwicklung ist überdies festzuhalten, dass trotz der erwerbszentrierten Sozialpolitik soziale Ungleichheit und die Polarisierung von Einkommen und Armut zu- und nicht abgenommen haben (vgl. Dingeldey 2015, 33f.). Auch die negativen Auswirkungen auf das soziale Klima sollten nicht vernachlässigt werden. Der aktivierende Sozialstaat hat insbesondere in Gestalt des SGB II zu einer vermehrten Diffamierung der Leistungsberechtigten, zu sozialen Ausgrenzungen und einem Rückgang gesellschaftlicher Solidarität geführt (vgl. Butterwegge 2019a, 6). Die Rahmenbedingungen für die Inanspruchnahme von Unterstützung sind unter diesen Voraussetzungen für Leistungsberechtigte und für die Soziale Arbeit deutlich schwieriger geworden.

Nicht nur die auch empirisch umstrittene Engführung auf den Erwerbbereich und damit die Verringerung des sozialen Leistungssystems schränken die Möglichkeiten der auf Unterstützung angewiesenen Menschen einschließlich der sozialen Akteur:innen ein, sondern darüber hinaus die normativen Konsequenzen, die in der Diskussion um den aktivierenden Sozialstaat bislang zu kurz kommen. Wer auf Grundsicherungsleistungen angewiesen ist, bewegt sich häufig unterhalb der »Schwelle gesellschaftlicher Respektabilität« (Dörre 2021, 274), Stigmatisierungen und Abwertungen gehören zum Alltag der Betroffenen, und das trotz der bei den allermeisten Leistungsberechtigten nachgewiesenen ausgeprägten Orientierung an Erwerbsarbeit. Vermehrt wird auch ein Schamgefühl bei Leistungsberechtigten in Bezug auf Grundsicherungsleistungen registriert, das mit dem Gefühl einhergeht, gesellschaftliche Erwartungen nicht zu erfüllen. Stigmatisierung und Scham werden, wie Studienauswertungen zeigen, zunehmend von den in Armut lebenden Menschen in ihr Selbstbild übernommen, die darunter leiden und resignieren (vgl. Mayert & Schendel 2018, 195f.).

Diese Entwicklung überrascht nicht. Wenn über Jahre der Eindruck vermittelt wird, dass jene, die Grundsicherungsleistungen nach dem SGB II beantragen, ganz überwiegend nicht genug Eigeninitiative an den Tag legen, um eine Arbeit zu finden, muss man sich nicht wundern, wenn die Leistungsberechtigten medial und in der Öffentlichkeit diffamiert werden. Zu den im Grundsicherungsbereich zugemuteten materiellen Entbehrungen, die die Teilhabe an den Errungenschaften der Gesellschaft unterminieren, treten ausgrenzende gesellschaftliche Praktiken, die die Lebensbewältigung zusätzlich erschweren und die Kräfte der betroffenen Menschen über Gebühr beanspruchen. Wenn der aktivierende Sozialstaat es ernst damit meint, Eigenverantwortung zu fördern, steht er vor der Aufgabe, Ausgrenzungen und Herabsetzungen zu vermeiden und die Potenziale der Menschen tatsächlich zu fördern. Eine entsprechende Änderung der sozialpolitischen Ausrichtung müsste bereits bei der Sprache beginnen. Geldleistungen im Grundsicherungsbereich werden gemeinhin als passive Leistungen bezeichnet, hingegen gelten Dienstleistungen am Arbeitsmarkt als aktive Leistungen. Der Begriff passive Leistungen suggeriert das Bild inaktiver Empfänger:innen, die sich auf Kosten anderer ausruhen. Die Implikationen dieses Bildes beschreibt Helga Spindler treffend, wenn sie festhält:

> »Die Gefahr bei dieser Begrifflichkeit ist, das Zerrbild einer passiven Gesellschaft zu entwerfen, die von einem aktivierenden Staat aus ihrem Dornröschenschlaf erweckt werden muss, bzw. das Zerrbild vom Arbeitslosen, der wahlweise passiv und völlig lebensuntüchtig oder aktiv und erfahren, aber unwillig gegenüber notwendigen Veränderungen ist« (Spindler 2019, 79).

Der aktivierende Sozialstaat verweist im Umgang mit Menschen in sozial und wirtschaftlich prekären Lebensumständen auf eine Gerechtigkeitslücke. Folgt man den sozialphilosophischen Erwägungen von Nancy Fraser, dann ist eine duale oder zweidimensionale Gerechtigkeitskonzeption erforderlich, in der es gleichermaßen um Umverteilung und um Anerkennung geht.

> **Umverteilung und Anerkennung**
>
> *Umverteilung* steht für eine Ausstattung mit Ressourcen, die ein unabhängiges, autonomes und emanzipiertes Leben ermöglichen. *Anerkennung* zielt auf die gleichen Chancen, gesellschaftliche Achtung zu erlangen und ein vollberechtigtes Mitglied der Gesellschaft zu sein (vgl. Fraser 2015a, 55).

Am Beispiel der Sozialhilfe zeigt Fraser mit Blick auf die USA – wobei die Einsichten auf die deutsche Diskussion übertragen werden können –, dass die damit verbundene Umverteilung den Rang der Bezieher:innen in der Gesellschaft negativ beeinflusst. Umverteilung wird letztlich erkauft mit dem Risiko der Stigmatisierung und öffentlichen Feindseligkeit, Anerkennung wird infrage gestellt, Sozialhilfebezug impliziert das Risiko, beleidigender Respektlosigkeit unterworfen zu sein (vgl. ebd., 107). In der Analyse der halbierten Gerechtigkeit bringt Fraser den angesprochenen Zusammenhang wie folgt auf den Punkt:

> »Die affirmative Umverteilung kann eine Stigmatisierung der Benachteiligten nach sich ziehen, die der Kränkung durch Deprivation die Beleidigung der Missachtung hinzufügt« (Fraser 2016, 54).

Berechtigte von Grundsicherungs- und Sozialhilfeleistungen in Deutschland, die maßgeblich sind für die Sicherung der sozialen Existenz, sind vielfach mit sowohl öffentlichen als auch teilweise institutionellen Stigmatisierungen konfrontiert. Die Wahrnehmung von Unterstützungsrechten gefährdet ihren gesellschaftlichen Status. Diese Entwicklung unterläuft den expliziten Anspruch des Systems der sozialen Existenzsicherung, Leistungsberechtigten ausreichende Mittel für ihre soziokulturelle Teilhabe zur Verfügung zu stellen. Die Mittel umfassen nicht nur monetäre Leistungen, es geht auch um den gesellschaftlichen Status, der mit dem Bezug verbunden ist.

Für das Recht auf Unterstützung aus der Sicht der Sozialen Arbeit resultiert aus dem Rückgriff auf den aktivierenden Sozialstaat, dass es darauf ankommt, unterstützende Maßnahmen nicht auf ökonomisch aussichtsreiche Interventionen zu beschränken. Das Leben ist vielfältiger, die Möglichkeiten und Grenzen der Individuen sind zu berücksichtigen. Die Verwertungslogik stellt eine Verarmung des Rechts auf Unterstützung dar. In der Grundidee des aktivierenden Sozialstaates sind Spielräume angelegt, die in der aktuellen politisch-administrativen Gestalt längst nicht ausgeschöpft werden. Perspektivisch wird es immer wichtiger, nicht nur über Geldleistungen im Rahmen des Rechts auf Unterstützung nachzudenken, sondern den sogenannten Care-Leistungen mehr Aufmerksamkeit zu widmen (vgl. Schwarze & Mittelstät 2018, 5f.). Die Differenzierung von Geldleistungen und persönlich unterstützenden Angeboten wie Erziehung, Beratung, Unterstützung oder Betreuung wird angesichts der gesellschaftlichen Entwicklungen immer bedeutsamer. So wird beobachtet, dass Probleme wie Armut, Überschuldung, Wohnungslosigkeit oder chronische Erkrankungen wegen der vielfältigen Auswirkungen auf ganz verschiedene Lebensbereiche längst nicht immer allein mit finanzieller Unterstützung sozialpolitisch bewältigt werden können. Häufig sind unterstützende Maßnahmen, zumal dann, wenn sie stabilisierend und im umfassenden Sinn teilhabefördernd wirken sollen, länger erforderlich als Geldleistungen. Sie setzen überdies ein hohes Maß an Kooperation der Betroffenen voraus, was am ehesten durch einen niedrigschwelligen Zugang frei von Sanktionsandrohungen oder Bedürftigkeitsprüfungen und damit verbundenen Stigmatisierungen erreicht werden kann (vgl. ebd., 16f.).

Unterschiedliche Varianten der Unterstützung sind im aktivierenden Sozialstaat darauf angelegt, die Eigenkräfte der Leistungsberechtigten zu stärken, Empowerment genießt insofern hohes Ansehen. Das unumstrittene Ziel der Stärkung von Eigenkräften und Eigenmacht enthält allerdings Risiken, die dem Recht auf Unterstützung nicht immer dienlich sind, wie die folgenden Ausführungen zeigen.

3.2 Instrumentalisierung der Empowermentidee

Empowerment ist ein vielseitig beliebtes Konzept, es fügt sich bei oberflächlicher Betrachtung in kritisch-politische Zugänge zum Recht auf Unterstützung ebenso ein wie in liberale und im Extrem auch neoliberale Gedankengänge, in denen in verbrieften Rechten auf Unterstützung fast schon reflexhaft ein Angriff auf die Freiheit und Selbstbestimmung der Menschen und die unterstellten Selbstheilungskräfte des Marktes gesehen wird. Soweit Empowermentideen herangezogen werden, um Unterstützungsrechte zu problematisieren, rechtfertigt dies die Frage, ob es sich nur um eine missbräuchliche Inanspruchnahme handelt oder ob im Konzept auch Denkweisen angelegt sind, die diese Lesart zulassen.

> **Empowerment in der Sozialen Arbeit**
>
> Empowerment in der Sozialen Arbeit steht dafür, Menschen durch die Förderung ihrer persönlichen Handlungsmöglichkeiten und die Bereitstellung angemessener sozialstruktureller Bedingungen zu bemächtigen, ihr Leben in die eigenen Hände zu nehmen und sie von Fremdbestimmung und Entmächtigung in einem gemeinsamen Such- und Entwicklungsprozess zu befreien.

Dieses zentrale Anliegen wird durch die fundamentalen Quellen des Empowerment unterfüttert, die insbesondere in der amerikanischen Bürgerrechtsbewegung, der Friedensbewegung, dem kritischen Feminismus, der »Independent-Living-Bewegung«, sozialen Initiativen sowie in der von Paulo Freire entwickelten »Pädagogik der Unterdrückten« liegen. Gemeinsam ist den unterschiedlichen Wurzeln des Empowerment, die für das aktuelle Verständnis unvermindert bedeutsam sind, dass die politische und individuelle Macht der Lebensführung zurückverlagert wird zu den Menschen; dabei wird im professionellen Unterstützungsprozess, soweit dieser überhaupt erforderlich ist, an vorhandene alltägliche Ressourcen und Handlungsmöglichkeiten sowie Entwicklungs- und Aneignungspotenziale angeknüpft. Ausdrücklich geht es darum, Menschen durch eine solidarische professionelle Unterstützung zur Selbsttätigkeit und Selbstbestimmung zu befähigen (vgl. Herriger 2020, 15f.). Unterstützung im Geist des Empowerments setzt vor allem eine Haltung voraus, die von einem optimistischen Menschenbild getragen wird. Empowermentorientiert begegnet man den Adressat:innen der Sozialen Arbeit mit Vertrauen in ihre bereits entwickelten und potenziellen Möglichkeiten, wobei in einem auf entmündigende Expert:innenurteile verzichtenden Vorgehen ihr Eigensinn, ihre individuellen Wege und Zeitvorstellungen ebenso wie ihre Sozial-, Grund- und Menschenrechte geachtet werden (vgl. ebd., 77f.).

Empowerment, so verstanden, stellt das Recht auf Unterstützung an keiner Stelle infrage, ganz im Gegenteil. Es trägt dazu bei, Unterstützung so zu realisieren, dass auf Unterstützung angewiesene Menschen aktiv mit ihren Möglichkeiten einbezogen werden, sie geben gewissermaßen den Takt an und nicht die Professionellen. Unterstützung, die diesen Grundüberlegungen folgt, verringert das Risiko von Fremdbestimmung und Paternalismus. Gleichzeitig wäre es vermessen, allen Adressat:innen schon zu Beginn eines Unterstützungsprozesses vollständige Handlungsmöglichkeiten im Umgang mit den Unterstützungsanlässen zuzuschreiben. Das wäre ein Widerspruch in sich, denn wer allein zurechtkommt, wendet sich normalerweise nicht an Akteur:innen der Sozialen Arbeit bzw. des Sozialstaates. Immer geht es darum, die Voraussetzungen für Empowerment durch persönlich und durch strukturell ausgelegte Formen der Unterstützung zu schaffen und gleichzeitig schon in diesem anspruchsvollen Prozess eine empowermentorientierte Haltung einzunehmen. Wie andere Theorien und Ideen der Sozialen Arbeit ist Empowerment allerdings trotz der eindeutig emanzipatorischen Ausrichtung keineswegs dagegen gefeit, für Ansätze und Konzepte in Anspruch genommen zu werden, die mit seinem Kernanliegen nicht vereinbar sind.

In Bezug auf die Infragestellung des Rechts auf Unterstützung ist zunächst zu prüfen, ob und inwieweit Empowerment ungewollt mit seinen grundlegenden Auffassungen dafür eine Vorlage liefert. In einer zusammenfassenden Analyse der zentralen Entwicklungen des Empowerments betont Keupp die folgenden Aspekte:

- Statt einer Defizit- und Krankheitsperspektive dominiert im Empowerment eine Ressourcen- und Kompetenzperspektive, die die Wahrnehmung der Adressat:innen prägt. Ausdrücklich soll die Konstruktion einer Hilfebedürftigkeit vermieden werden.
- Der Unterstützungsprozess kann nur in einer partnerschaftlichen Kooperation mit den Zielgruppen gelingen, Professionelle nehmen sich mit ihren Einschätzungen und ihrem Interventionsrepertoire zugunsten der Hilfe zur Selbsthilfe zurück. Verbunden damit ist eine hoffnungsvolle und optimistische Haltung gegenüber den Adressat:innen, die ein Gegengewicht gegen Ohnmacht und alle Formen der Resignation darstellt.
- Damit Empowerment seine positiven Wirkungen entfalten kann, sind soziale Beziehungen im Umfeld der Menschen mit ihren unterstützenden Qualitäten einzubeziehen. Soziale Unterstützung im Nahraum gilt als mitentscheidend für eine selbstständige Lebensführung.
- In jedem Fall kommt es darauf an, Abhängigkeit von Professionellen und ihren Institutionen zu vermeiden und ein Höchstmaß an Selbstbestimmung sicherzustellen in der Organisation des Dienstleistungsprozesses, in dem es darum geht, Menschen Rechte einzuräumen und sie nicht auf bedürftige Wesen zu reduzieren (vgl. Keupp 2018, 560f.).

Insbesondere die konsequente Vermeidung einer Krankheits- und Defizitperspektive, die handlungsleitend für Empowerment in der sozialen Praxis ist, beinhaltet das Risiko, den Zugang zu sozialen Rechten zu schwächen, die in der Regel auf zu lösende Probleme wie Wohnungslosigkeit, Überschuldung oder Erziehungsschwierigkeiten in der Familie ausgerichtet sind. Die Vermeidung einer Krankheits- und Defizitperspektive ist dem redlichen Motiv geschuldet, die Macht der Expert:innen zu begrenzen, die Menschen entmündigen, ihnen keine eigenen Handlungsmöglichkeiten zuschreiben und sie in ihrer Lebenswelt belagern. Selbsthilfeinitiativen, soziale Gegenmacht und mehr Beteiligung an Hilfe- und Unterstützungsprozessen sind zentrale Forderungen, die aus der Empowermentperspektive abgleitet werden. Zugleich kann von dieser Kritik am bevormundenden Sozialstaat und sozialen Unterstützungssystem auch eine Linie zum aktivierenden Sozialstaat gezogen werden, der Menschen auf ihre Eigenverantwortung verweist (vgl. Lambers 2020, 391f.). Allerdings kann der Verzicht darauf, Schwierigkeiten zu benennen, dazu beitragen, dass Betroffenen ein Problembewusstsein fehlt und sie schon deshalb keinen Sinn darin sehen, ihr Recht auf Unterstützung wahrzunehmen. Im Extremfall bedeutet die ausschließliche Ausrichtung auf Ressourcen und Kompetenzen die Verleugnung von Problemen. Um diese sicherlich nicht intendierte Wirkung des Empowerments zu vermeiden, sollte je nach der Konstellation des Einzelfalls eine Problem- und eine Ressourcensichtweise eingenommen werden. Beide Perspektiven stehen in einem komplementären Verhältnis und sollten nicht gegeneinander ausgespielt werden. Mitunter kann es sogar hilfreich sein, Adressat:innen mit einer Problemeinschätzung zu konfrontieren, um ihre Selbstreflexion anzuregen, die zu neuen eigenmächtigen Denk- und Verhaltensweisen führen kann.

Auch die demokratietheoretisch fundierte Idee der Beteiligung bzw. der Partizipation, die im Empowerment eine tragende Rolle spielt, kann dazu herangezogen werden, das Recht auf Unterstützung zu schwächen. Partizipation ist darauf angewiesen, dass Menschen neben dem Recht auf Freiheit und Selbstbestimmung die für die Entfaltung ihrer Persönlichkeit relevanten Formen der Unterstützung erhalten (vgl. Schnurr 2018, 1126). Im aktivierenden Sozialstaat mit seinen leistungsbeschränkenden Regelungen ist diese Voraussetzung, wie oben ausgeführt, nicht mehr in jedem Fall gewährleistet. Partizipation lässt wie Empowerment Interpretationsspielräume. Wird Partizipation so verstanden, dass Zielgruppen von Unterstützungsangeboten zur Assimilation an bestehende Verhältnisse genötigt werden, dass sie aus Gründen der Steigerung der Effizienz von Sozialleistungen mitwirken müssen und dass sie im Interesse der Entfaltung ihrer Potenziale persönlich für ihre Probleme verantwortlich gemacht werden (vgl. Wagner 2017, 45f.), dann wird damit eine weitere Begründung für die Beschneidung von Unterstützungsrechten kreiert. Damit wird erneut eine gute Idee in ihr Gegenteil verkehrt.

Soweit Empowerment und im Schlepptau Partizipation dazu herangezogen werden, die Verantwortung für Probleme an Betroffene zu delegieren und damit unterstützende Maßnahmen zurückzustellen oder gänzlich zu verweigern, bedeutet dies, dass Probleme privatisiert werden (vgl. Bastian 2017, 245f.). Ein so reduziert verstandenes Empowerment fügt sich umstandslos in die Logik des aktivierenden Sozialstaates ein, der einerseits strukturelle Ursachen für Probleme tendenziell ausblendet und andererseits Eigenverantwortung überhöht. Empowerment im Dienst des aktivierenden Sozialstaates folgt einem auf Erfolg am Markt orientierten Verständnis von Selbstverwirklichung, in dem vom Kampf gegen soziale Ungleichheit und für Solidarität nichts mehr übriggeblieben ist (vgl. Otto, Wohlfahrt & Ziegler 2020, 241). Die Architekt:innen des aktivierenden Sozialstaates sind von der Sorge getrieben, dass Menschen durch Sozialleistungen in eine passive Verhaltensweise gedrängt werden, zumindest dazu verführt werden. Da kommt ihnen Empowerment gerade gelegen mit der Idee der Bemächtigung der Individuen, die Regisseur:innen ihres Lebens werden sollen. Die begriffliche und inhaltliche Nähe des Empowerments zum aktivierenden Sozialstaat, wenn auch nicht gewollt, erfordert eine eindeutige Abgrenzung. Theorien und Modelle der Sozialen Arbeit stehen immer in politischen und gesellschaftlichen Kontexten, sie müssen ihre Wirkungen beachten und bei Bedarf dafür Sorge tragen, dass eine Vereinnahmung vermieden wird. Um zu vermeiden, dass Empowerment dafür herhalten muss, individuelle Rechte von Menschen zu beschneiden, sollte deutlicher als bisher herausgestellt werden, dass Empowerment auf der Ebene der Individuen nur gelingen kann, wenn eine Sozialpolitik betrieben wird, die ihrem eigenen programmatischen Anspruch auf die freie Entfaltung der Persönlichkeit, die menschenwürdige Unterstützung in Notlagen und das Recht auf eine frei gewählte Erwerbstätigkeit gerecht wird.

Durch geeignete soziale Lebensverhältnisse, für die u. a. Sozialpolitik verantwortlich zeichnet, werden erst die Entfaltungsmöglichkeiten geschaffen, die für die Verwirklichung von Empowerment maßgeblich sind. Hierbei sind die Grenzen von Individuen zu beachten, die aus Krisen und anderweitig bedingten Einschränkungen resultieren, aus denen ein Recht auf Unterstützung abgeleitet wird (vgl. Lenz 2012, 17f.). In einem gesellschaftlichen und sozialpolitischen Klima, in dem das Angewiesensein auf Unterstützung begründungsbedürftig und zuweilen sanktionsbelegt ist, wird das Gegenteil dessen erreicht, was Empowerment möchte. Insofern ist zu fragen, ob Empowerment einen Beitrag dazu liefert, Schwäche, Krisen, Bedürftigkeiten kleinzureden und damit

3.2 Instrumentalisierung der Empowermentidee

die Schwelle zu erhöhen, sich zu seinen Einschränkungen zu bekennen und Unterstützung zu fordern. Empowerment könnte dazu ermutigen, sich seinen tatsächlichen Lebensumständen und individuellen Möglichkeiten zu stellen, was auch bedeuten kann zu sagen, dass Unterstützung gebraucht wird. Das ist keine Schwäche, sondern Stärke, die zuweilen in der Empowermentrhetorik zu kurz kommt.

Über das Plädoyer für angemessene sozialpolitische Interventionen hinausgehend, das im Empowerment noch ausgebaut werden könnte, wird dem Ansatz auch vorgehalten, den Zusammenhang zwischen den Entwicklungsmöglichkeiten der Subjekte und gesellschaftlichen Strukturen zu wenig zu bearbeiten (vgl. Seckinger 2018, 311). Dieser Einwand ist berechtigt. Das sympathisch optimistische Menschenbild, wonach jede:r über Potenziale verfügt, die vor allem dann zur Entfaltung kommen, wenn Fremdbestimmung und Unterdrückung vermieden würden, unterschätzt die teilweise prägenden Einflüsse gesellschaftlicher Entwicklungsbedingungen. Wer in Armut aufwächst, wem Bildungszugänge aufgrund seiner bzw. ihrer Herkunft nicht offenstehen, wer infolge belastender Lebensumstände chronisch erkrankt, um nur einige Beispiele anzuführen, wird teilweise so entscheidend von Strukturen geprägt, dass die Aufforderung, sich nun wieder um sich zu kümmern und Verantwortung für sich zu übernehmen, eine massive Überforderung darstellt. Zuerst werden Menschen Entwicklungsmöglichkeiten vorenthalten durch die Zumutung deprivierender Lebensbedingungen und dann werden sie auch noch persönlich dafür haftbar gemacht. Diese Menschen sind auf Unterstützung angewiesen, teilweise auch auf langfristig angelegte Programme, die sie allmählich an ihre verborgenen und verloren gegangenen Handlungsmöglichkeiten heranführen. So verstandene Unterstützung ist genau das Gegenteil von Entmächtigung und Fremdbestimmung, sie schafft erst die Voraussetzungen für Empowerment und unterläuft dessen Ambitionen nicht. Menschen müssen teilweise auch mal in Ruhe gelassen werden, Zeit dafür bekommen, sich von Strapazen ihres bisherigen Lebens zu erholen. Auch umfängliche Fürsorge kann zum Empowerment beitragen. Das mag gemeint sein, wenn Seckinger davon spricht, auch dem Bedarf an Regressionsmöglichkeiten gerecht zu werden und nicht alle immer nur zu fordern (vgl. ebd., 311).

3 Infragestellung des Rechts auf Unterstützung im aktivierenden Sozialstaat

Wie wichtig es ist, die Grenzen des Empowerments und seine Indienstnahme für konträre Maßnahmen aufzuzeigen, unterstreicht Herriger, der den Ansatz fundiert für die Soziale Arbeit erschlossen hat, indem er die Risiken eines missbräuchlichen Rückgriffs betont:

> »Schon heute ist der Empowerment-Begriff ein fester Bestandteil der Reformrhetorik der sozialpolitischen Akteure, Empowerment-Gedanken und die Rede von der ›Hilfe zur Selbsthilfe‹ werden bruchlos in neoliberale Denkgebäude eingemeindet« (Herriger 2020, 91).

Zwar erfolgt eine Zurückweisung der Vereinnahmung des Empowerments durch den aktivierenden Sozialstaat, allerdings fehlt in den Reaktionen vielfach eine systematische Analyse, die auf die Verwobenheit des Empowerments mit der gegenwärtig dominierenden Sozialstaatsrhetorik verweist. Moniert wird überdies im Diskurs über Empowerment eine Vernachlässigung gesellschaftlicher Ursachen, die Barrieren auf dem Weg zur Selbstbestimmung darstellen, eine unzureichende Auseinandersetzung mit Machtfragen und eine Delegation der Verantwortung für Probleme an Adressat:innen des Sozialstaats (vgl. Enggruber 2020, 40f.).

Die Ausführungen über die Doppeldeutigkeit der Empowermentidee im Anschluss an ausgewählte Implikationen des aktivierenden Sozialstaates für das Recht auf Unterstützung führen zum Hilfeverständnis in der Sozialen Arbeit. Die Aktivierungs- und Empowermentideen legen die Vermutung nahe, dass Hilfe und Angewiesensein auf Hilfe anachronistisch und paternalistisch sei. Das trifft teilweise zu, darf aber nicht dazu führen, Hilfe in Bausch und Bogen schlechtzureden. Auf Hilfe angewiesen zu sein ist keine Schande.

3.3 Ambivalente Facetten von Hilfe

Professionelle Hilfe, zumal auf der Grundlage von Rechtsansprüchen, wird immer wieder negativ kommentiert und infrage gestellt. Im Gegenzug werden die Selbsthilfekräfte und die Unterstützung im privaten Raum gelobt, deren mitmenschliche Qualität durch professionelle Helfer:innen ohnehin nicht erreicht werden könne. Auch dieser Argumentationsstrang tangiert die Soziale Arbeit mit ihren Unterstützungsangeboten, die teilweise infrage gestellt werden.

> **Helfen**
>
> Helfen im Sinne der Befriedigung von Bedürfnissen anderer Menschen, die dazu vorübergehend oder dauerhaft nicht (ausreichend) in der Lage sind, ist allgemein formuliert eine Wohltat, die in einer sozialen Interaktion erfolgt (vgl. Bierhoff & Rohmann 2012, 1332f.).

Für die Auseinandersetzung mit dem Helfen ist nach wie vor der klassische Text von Niklas Luhmann aus dem Jahr 1979 weiterführend, in dem er »Formen des Helfens im Wandel gesellschaftlicher Bedingungen« analysiert. Im gesellschaftlichen Wandel ist eine allmähliche Entfernung des Helfens aus dem unmittelbaren Alltag, in dem noch reziproke Erwartungen dominierten, zu beobachten. War in archaischen Gesellschaften wechselseitiges Helfen für das eigene Überleben und das der Familie oder Sippe ausschlaggebend, verändert sich das Bild in hochkultivierten und sozial differenzierten Gesellschaften. Die unmittelbare Erwartung der Gegenleistung, die vormals das zentrale Hilfemotiv war, verliert ihre alleinige Bedeutung. Im Rahmen der voranschreitenden Arbeitsteilung bilden sich Professionen, die u. a. auch für das Helfen zuständig sind. Hierzu zählen Ärzt:innen, Pastor:innen und Jurist:innen. Sie erwarten für ihre Hilfeleistung eine Honorierung. Helfen fächert sich weiter auf, es überschreitet damit die unmittelbare Unterstützung durch persönlich nahestehende Menschen. In modernen Gesellschaften, geprägt von funktionaler Differenzierung, wird das Helfen zunehmend spezialisierten Systemen übertragen, in denen Professionelle auf der Grundlage von Programmen handeln, die u. a. durch gesetzliche Vorgaben festgelegt sind. Helfen wird damit an formale Entscheidungsprogramme gekoppelt und ist nicht mehr Ausdruck unmittelbarer Hilfeimpulse (vgl. Luhmann 1979, 25f.).

Verfehlt wäre nun die Annahme, dass durch die gesellschaftliche Entwicklung Hilfeleistungen ausschließlich in programmierten Abläufen erfolgen, die heute zweifellos eine zentrale Rolle spielen. Die unmittelbaren und reziproken Hilfen im privaten Raum bestehen daneben weiter, ihr Gewicht hat sich jedoch verändert. Die gesellschaftliche Entwicklung steht nicht für einen Verlust unmittelbarer Hilfen, sondern ganz im Gegenteil, erst der Aufbau von Hilfeprogrammen schafft die Voraussetzungen dafür, ein emanzipiertes Leben zu führen, das frei ist von Abhängigkeiten von der Familie und der engen Bezugsgruppe. Versteht sich der Sozialstaat als emanzipatorischer Sozialstaat, ist der Aufbau von professionellen und gesetzlich gesicherten Hilfen unerlässlich. Wird hingegen das Recht auf Unterstützung infrage gestellt, werden Abhängigkeiten erzeugt, die auch der Aktivierung der Individuen im Weg stehen.

Kritiker:innen des Rechts auf Unterstützung greifen bei ihrer Suche nach Rechtfertigungen mitunter auch auf die These der Kolonisierung der Lebenswelten zurück, die Habermas in die Diskussion eingebracht hat.

> **Kolonisierungsthese**
>
> Die Kolonisierungsthese wendet sich gegen eine Überlagerung des Alltags durch Systemsteuerungen, insbesondere durch Recht und Geld als Steuerungsinstrumente. Damit würden Menschen zunehmend ihrer eigenen Handlungsmöglichkeiten beraubt, schließlich seien sie immer weniger auf Verständigungsanstrengungen angewiesen, können sie doch rasch auf formale Hilfen zurückgreifen. Das verständigungsorientierte oder kommunikative Handeln würde durch eine überbordende Bürokratisierung und Verrechtlichung unterminiert, gewachsene Formen des Miteinanders dadurch geschwächt und im Ergebnis seien immer weitergehende Systemsteuerungen erforderlich, um das gesellschaftliche Leben aufrechtzuerhalten (vgl. Habermas 1985, 189f.).

Die Kolonisierungsannahme mit ihren sozial enteignenden Wirkungen ist nicht von der Hand zu weisen, im Alltag finden sich dafür zahlreiche Belege. Man denke nur an die zahllosen Gerichtsverhandlungen bei

3.3 Ambivalente Facetten von Hilfe

Nachbarschaftsstreitigkeiten, die auch ohne juristischen Beistand geregelt werden könnten, oder an die zuweilen anzutreffende Haltung bei Menschen, die auf der Straße um Unterstützung gebeten werden und an das Sozialamt verweisen. Allerdings ist es naiv anzunehmen, dass durch einen Abbau von Hilfeansprüchen die Kolonisierung durch Systeme in einer hochkomplexen Gesellschaft überwunden werden könnte. Professionelle und gesetzlich verankerte Hilfen wirken nicht per se kolonisierend, zumal dann nicht, wenn sie auf persönliche und soziale Befähigung setzen. Eine so verstandene Hilfe trägt vielmehr dazu bei, die Eigenkräfte im Alltag zu stärken und den Rückgriff auf formale Hilfen zurückzufahren. Die Kolonisierungsthese taugt nur dazu, Hilfen infrage zu stellen, die Abhängigkeit erzeugen – eine solche Hilfeausrichtung entspricht schon lange nicht mehr den Standards der Sozialen Arbeit, auch wenn sie immer wieder vorkommt.

Hilfe ist spätestens seit der schon klassischen Formulierung des doppelten Mandats der Sozialen Arbeit durch Böhnisch und Lösch aus dem Jahr 1973 eine umstrittene Kategorie. Sie sehen die Soziale Arbeit unvermeidlich zwischen Hilfe und Kontrolle. Die helfende Soziale Arbeit als Instrument des Sozialstaates bringt ihr Fachwissen und ihr Methodenrepertoire in die Fallarbeit ein, in der immer auch Konflikte um soziale Normen eine Rolle spielen (vgl. Böhnisch & Lösch 1998, 368).

> »Das ›doppelte Mandat‹ des Sozialarbeiters ... kann dann als ein zentrales Strukturmerkmal seiner spezifischen sozialen Dienstleistungsfunktion verstanden werden. In dieser ist der Sozialarbeiter angehalten, ein stets gefährdetes Gleichgewicht zwischen den Rechtsansprüchen, Bedürfnissen und Interessen des Klienten einerseits und den jeweils verfolgten sozialen Kontrollinteressen seitens der öffentlichen Steuerungsagenturen andererseits aufrechtzuerhalten« (ebd.).

In dieser Lesart schneidet Hilfe eher schlecht ab, wird sie doch vor dem Hintergrund durchzusetzender Normen geleistet, denen sich die Soziale Arbeit angesichts ihres gesetzlichen Auftrags und ihrer Abhängigkeit von den öffentlichen Geldgebern, heute Sozialleistungsträger genannt, nicht entziehen kann. Man sollte allerdings die Steuerungstiefe der Gesetzgebung und der artikulierten Interessen der Sozialleistungsträger nicht überschätzen. Vielfach liegen Ermessensspielräume vor, die der Sozialen Arbeit die Aufgabe übertragen, situativ und fallbezogen zu entscheiden, was zu tun ist. Darüber hinaus ist in der Auseinandersetzung mit dem Spannungsfeld von Hilfe und Kontrolle zu bedenken, dass die Soziale Arbeit mit der Entscheidung, welchen Zielgruppen Hilfe zugestanden wird und welchen nicht, unweigerlich Kontrolle ausübt (vgl. Bommes & Scherr 2012, 71).

Hilfe mit dem zweifellos bestehenden doppelten Mandat zu diskreditieren wird ihrer Komplexität nicht gerecht. Die Herausforderung besteht vielmehr darin, die Handlungsmöglichkeiten der Sozialen Arbeit auszuloten. Orientierend kann dafür das auf Staub-Bernasconi zurückgehende dreifache Mandat wirken, das neben der Beauftragung der Sozialen Arbeit durch die Adressat:innen auch die Rahmenbedingungen einschließlich der Institutionen – bis dahin bewegt sich das Modell im doppelten Mandat – sowie die professionellen Standards als Auftraggeber der Sozialen Arbeit versteht. Wenn diese drei Mandate kollidieren, genießen die Interessen der Zielgruppe möglichst Vorrang gegenüber jenen der Profession und der Gesellschaft (vgl. Staub-Bernasconi 2018, 111f.). Diesem Gedanken folgend, ist Hilfe den Interessen der Adressat:innen verpflichtet, dabei hat sie auf professionelle Standards Rücksicht zu nehmen, in denen auch ethische Ansprüche zum Ausdruck kommen. Kontrollmöglichkeiten können in begründeten Fällen wie dem Kinderschutz, dem Kindeswohl, der Verantwortung von Fachkräften in der Krisenintervention oder der gesetzlichen Betreuung sogar sehr hilfreich sein. Die Ausstattung mit Kontrollmöglichkeiten, zumal wenn diese verantwortlich eingesetzt werden, ist sogar eine Voraussetzung für das Gelingen der Sozialen Arbeit in bestimmten Konstellationen. Hilfe ohne Kontrolle ist nicht in jedem Fall möglich, wenn es um das Wohl der Menschen geht.

Professionelle Hilfe wird nicht nur durch ihre Einbindung in öffentliche Strukturen begründungsbedürftig. Sie wird auch im Abgleich mit privater oder persönlicher Hilfe teilweise als schwächer und weniger wirksam dargestellt. Altruistische, spontane Hilfe im Alltag durch Familienangehörige, Freund:innen oder das weitere soziale Umfeld erfolgt, geprägt von Anteilnahme, die professionellen Varianten der Hilfe teilweise abgesprochen wird. Alltägliche Hilfe wird idealisiert als Ausdruck wahrer Empathie und eines ehrlichen Einsatzes für die Belange anderer Menschen. Genau diese Eigenschaften fehlen angeblich in professionellen Angeboten, denen insofern ein menschliches Defizit unterstellt wird. Von hier führt der Weg zur Infragestellung der Sozialen Arbeit als Hilfe (vgl. Niemeyer 2000, 172). In einer erweiterten Perspektive geht es um die Frage, wer sogenannte Care-Tätigkeiten verrichten sollte, die sowohl privat-familiär als auch bürokratisch organisiert möglich sind und auf die alle Menschen in ihrem Leben in unterschiedlicher Intensität angewiesen sind. Die vor allem in der Genderforschung verankerte Care-Debatte ist für die Auseinandersetzung mit Hilfe und Helfen bedeutsam, wenn man das Grundverständnis von Care zur Kenntnis nimmt.

> **Care**
>
> »**Care** umfasst den gesamten Bereich familialer und institutionalisierter pflegender, erziehender und betreuender Sorgetätigkeiten im Lebenszyklus (Kinder, pflegebedürftige und alte Menschen) sowie personenbezogene Hilfen in besonderen Lebenslagen (von Arbeitslosigkeit über häusliche Gewalt bis Wohnungslosigkeit), wobei je nach Fokus mal der eine, mal der andere Aspekt betont wird« (Brückner 2018, 212, Herv. i. O.).

Beide Hilfeformen – die private, von Nähe getragene und die professionelle, wissenschaftlich fundierte – stellen also keinen Gegensatz dar. Die Überhöhung der altruistisch motivierten Hilfe, die ganz sicher in vielen Bereichen ausreichend ist, verkennt deren inhaltliche und persönliche Grenzen. Zu denken ist an überforderte pflegende Angehörige, an hochgradig belastete Familien im Umgang mit psychisch beeinträchtigten Menschen, an Eltern, die mit der Erziehung ihrer Kinder nicht zurechtkommen, an Angehörige, die ungewollt zur Aufrechterhaltung einer Abhängigkeitserkrankung beitragen, oder an Ehrenamtliche in der Arbeit mit Geflüchteten, die gut gemeint Grenzen überschreiten und teilweise Retraumatisierungen auslösen. Gut gemeint ist noch lange nicht gut gemacht. Diese triviale Aussage sollte im Umgang mit privater und professioneller Hilfe beachtet werden, um der voreiligen Infragestellung des Rechts auf Unterstützung entgegenzutreten. Werden die

3 Infragestellung des Rechts auf Unterstützung im aktivierenden Sozialstaat

Rechte auf Unterstützung beschnitten, birgt dies das Risiko, dass unterstützende Angehörige und Netzwerkmitglieder auf die dadurch entstehende Überforderung mit Gewalt, Ohnmacht, Gleichgültigkeit, Rückzug oder Resignation reagieren oder aber, wenn ihre finanziellen Mittel es zulassen, auf nicht ausgebildete Hilfskräfte zurückgreifen, womit dann Hilfe unterhalb entwickelter professioneller Standards geleistet wird (vgl. ebd., 215f.). Diese Reaktionen gehen immer zulasten der auf Hilfe angewiesenen Menschen, deren Wohl damit auf dem Spiel steht. Die Grenzen privater Hilfen gilt es zu beachten angesichts drohender Überforderungen, die nur durch professionelle Unterstützung, ob ergänzend oder ersetzend, vermieden werden kann, wie Bäcker mit der folgenden Äußerung unterstreicht:

»Es sind vor allem die abnehmenden Problemlösungskapazitäten primärer Sozialformen vor dem Hintergrund der sozial-ökonomischen und demographischen Veränderungen, die den Trend zur Ausweitung und Differenzierung sozialer Dienste bestimmt haben. In dieser funktionalen Sicht ist dies Ergebnis eines längerfristigen Prozesses, der im hohen Maße solche umfangreichen und zugleich komplizierten Hilfebedarfe mit sich gebracht hat, mit deren Absicherung und Befriedigung die privaten, insbesondere familiären Hilfepotenziale mehr und mehr überfordert sind« (Bäcker 2020b, 1103).

In der Befassung mit Hilfe und Helfen unter der Fragestellung, was zu ihrer Infragestellung beiträgt, darf der Hinweis auf »hilflose Helfer« nicht fehlen, ein Gedanke, der auf eine Publikation von Wolfgang Schmidbauer aus dem Jahr 1977 zurückgeht, die zuletzt 2018 erneut in der nunmehr 21. Auflage erschienen ist.

»Hilflose Helfer«

Der hilflose Helfer, der herangezogen wird, um professionelle Hilfe zumindest problematisch erscheinen zu lassen, umfasst Berufsgruppen wie Lehrer:innen, Ärzt:innen, Sozialarbeiter:innen oder Pastor:innen. Ihnen ist gemeinsam, dass sie antreten, Menschen in unterschiedlichen Notlagen zu helfen. Hilflos ist eine Minderheit von ihnen nur dann, wenn sie ihr berufliches Handeln dafür verwenden, persönliche Probleme zu kompensieren wie frühkindliche, nicht ge-

> löste Konflikte oder narzisstische Bedürfnisse. Unter diesen Vorzeichen sind die Helfer:innen nicht in der Lage, hilfreiche Beziehungen zu Adressat:innen aufzubauen, sie instrumentalisieren diese vielmehr, beispielsweise durch die Erzeugung von Abhängigkeiten, um das eigene Wohlbefinden zu steigern (vgl. Schmidbauer 2018, 90f.).

Im Interesse der auf Unterstützung angewiesenen Menschen ist es auf jeden Fall wichtig, hilflosen Helfern nicht das Feld der Unterstützung zu überlassen. Die betroffenen Menschen sind selbst auf Hilfe angewiesen. Unredlich ist allerdings der Umgang mit dem Bild des hilflosen Helfers, wenn es dafür herangezogen wird, eine ganze Berufsgruppe zu diffamieren und das Recht auf Unterstützung so auszulegen, als diene es nur den Professionellen. Damit werden die Notlagen jener, die auf professionelle Arbeit angewiesen sind, missachtet, und eine ganze Berufsgruppe, die persönliche, professionelle und gesellschaftliche Verantwortung übernimmt, wird unter einen Generalverdacht gestellt, der empirisch völlig haltlos ist, denn die allermeisten sozialen Fachkräfte leisten ihre helfende Tätigkeit keineswegs, um sich selbst zu helfen.

Hilfe und Helfen wird in den aktuellen theoretischen und systematischen Entwürfen der Sozialen Arbeit, wenn überhaupt, überwiegend negativ konnotiert aufgegriffen. Das überrascht angesichts der Tatsache, dass beide Begriffe im Mittelpunkt der Benennung einschlägiger Arbeitsfelder wie Jugend-, Sozial-, Behinderten-, Alten oder Gesundheitshilfe stehen. Hilfe zählt zur ältesten Funktionsbestimmung der Sozialen Arbeit. Sie dient der Unterstützung von Personen, Gruppen und dem Gemeinwesen zur Lösung von Problemen (vgl. Thieme 2017, 18). Obgleich Hilfe und Helfen die Soziale Arbeit als eigenständige Disziplin und Profession begründen, bleiben ihre Konturen weiterhin vage (vgl. Gängler 2018, 622f.). Die aufgezeigten kritischen Punkte dienen der Reflexion von Hilfeprozessen in der Sozialen Arbeit, sie sind insofern ertragreich. Hilfe und Helfen sind dann fragwürdig, wenn sie Schaden anrichten, beispielsweise indem ohne triftigen Grund die Autonomie eines Menschen beeinträchtigt wird, der nach seinem Gusto leben möchte (vgl. Maio 2017, 125f.).

Über die Kritik an Hilfe und Helfen hinausgehende Anregungen sind in der Sozialen Arbeit systemtheoretischen Zugängen zu entnehmen, die sich dem Thema ohne einen normativen Anspruch nähern. Aus einer systemtheoretisch-soziologischen Perspektive wird Hilfe als organisiertes Handeln der Sozialen Arbeit sowohl ohne den Anspruch auf ein eigenständiges Funktionssystem (Bommes, Scherr 2012) als auch mit dem Anspruch auf ein eigenständiges Funktionssystem (Hillebrand 2012) erläutert (vgl. Sandermann & Neumann 2018, 132f.).

Professionelle Hilfe in der Sozialen Arbeit

Hilfe als organisiertes Handeln der Sozialen Arbeit wird durch gesellschaftlich bedingte Problem- und Notlagen ausgelöst, die sich auf die Lebensführung der Betroffenen in einer sozial negativ beurteilten Art und Weise auswirken, sodass es zu Exklusionen aus relevanten Funktionssystemen wie Bildung, Gesundheit oder Arbeitsmarkt kommt (vgl. Bommes & Scherr 2012, 31). Zwar erfolgt die professionelle Hilfe der Sozialen Arbeit alltagsnah, allerdings losgelöst von Gegenseitigkeitserwartungen wie im privaten Raum. Weitere Charakteristika der professionellen Hilfe tangieren das wissenschaftlich fundierte methodische Handeln und die sozialstaatliche Beauftragung der Sozialen Arbeit, wodurch Hilfe für die potenziellen Adressat:innen berechenbar wird (vgl. ebd., 91). Soziale Arbeit als organisierte Hilfe im Sozialstaat fungiert als System der Zweitsicherung, das im Rahmen rechtlicher Vorgaben mit seiner Einzelfallorientierung dann gefordert ist, wenn standardisierte und generalisierte Hilfeangebote, wie sie insbesondere in ausschließlich monetären Leistungen zum Ausdruck kommen, nicht mehr ausreichen. Die organisierte Hilfe der Sozialen Arbeit dient der Vermeidung von Exklusionen, der Unterstützung von Inklusionen und im Extremfall der Verwaltung von Exklusionen (vgl. ebd., 188).

Eine moderne, funktional differenzierte Gesellschaft ist auf die Hilfeleistungen der Sozialen Arbeit angewiesen. Die Wirkungen der Hilfe werden in diesem Ansatz gesellschaftlich mit Blick auf In- und Exklusionsrisiken erörtert, die sich nicht autopoietisch, also in Eigenregie, um die Sprache der Systemtheorie zu verwenden, in befriedigender Weise regeln. Entgegen dem von Sandermann und Neumann unterstellten fehlenden normativen Anspruch in systemtheoretischen Zugängen zur Hilfe kommt dieser spätestens hier zum Tragen. Gerade wenn es darum geht, Rechtsansprüche auf Unterstützung zu begründen und auch neu zu etablieren, müssen Exklusionsrisiken und Exklusionsrealitäten bewertet werden, etwa in Bezug auf Menschenrechte und Menschenwürde oder in Anlehnung an gesellschaftliche und sozialethische Kriterien, die für oder gegen eine gesetzlich geregelte Unterstützung sprechen. Die systemtheoretisch-soziologische Lesart von Hilfe in der Sozialen Arbeit unterstreicht ihre gesellschaftliche Relevanz, die in den mikroanalytischen Kritikpunkten, wie sie in diesem Abschnitt vorgetragen wurden, nicht bzw. nicht hinreichend gewürdigt werden.

Auch in der ebenfalls systemtheoretisch-soziologischen Betrachtung der Sozialen Arbeit als ein auf Hilfe ausgerichtetes eigenständiges Funktionssystem nach Hillebrand spielen gesellschaftliche Kontexte eine maßgebliche Rolle. Aus professioneller Sicht geht es darum, Kriterien zu erforschen, die es ermöglichen, wissenschaftlich fundiert zu entscheiden, wann Hilfebedürftigkeit bei gesellschaftlich bedingten Problemen von schutz- und hilfebedürftigen Menschen (nicht) vorliegt (vgl. Hillebrand 2012, 237f.). Hilfe zielt darauf, zum Funktionieren der Gesellschaft durch spezifische Inklusionen von Menschen in unterschiedliche Systeme beizutragen. Individuen werden durch die Soziale Arbeit bei vorliegender Hilfebedürftigkeit unterstützt, um für Systeme wie das Bildungswesen oder den Arbeitsmarkt wieder erfolgreich adressierbar zu sein. Hilfe im Kontext der Sozialen Arbeit steht für eine Daseinsnachsorge, die gefordert ist, wenn die Daseinsvorsorge nicht ausreichend funktioniert hat (vgl. ebd., 243f.). Hilfe ist nach diesem Verständnis für die Gesellschaft unerlässlich. Der Verweis auf Selbsthilfekräfte ist nach Hillebrand von vornherein nicht ausreichend:

> »Alle Versuche, verstärkt an Hilfepotenziale im sozialen Umfeld von Bedürftigen zu appellieren, müssen in soziologischer Sicht als Ideologie einer neokonservativen Sicht der Gesellschaft bezeichnet werden, da sie den gesellschaftlichen Bedingungen sozialer Hilfe nicht gerecht werden« (ebd., 245).

Für das Recht auf Unterstützung folgt aus dieser dezidierten Einschätzung der begrenzten Selbsthilfepotenziale von Menschen in einer hochgradig differenzierten Gesellschaft, dass es gesellschaftlich geradezu schädlich ist, Hilfe zu diffamieren und auf Hilfeberechtigungen zu verzichten.

In Kapitel 2 konnte gezeigt werden, dass im Sozialstaat das Recht auf Unterstützung in einem breiten Verständnis angelegt ist (▶ Kap. 2). Dieser Befund ermuntert die Soziale Arbeit dazu, für ein adäquates Recht auf Unterstützung einzutreten. Dieser Einsatz ist heute besonders wichtig, wird doch das Recht auf Unterstützung – das wurde im vorliegenden Kapitel deutlich – aus ganz unterschiedlichen Richtungen infrage gestellt. Im nächsten Schritt werden sozialarbeitstheoretische Überlegungen herangezogen, die dazu beitragen, Unterstützung inhaltlich weiter zu präzisieren.

4 Gegenstand der Unterstützung aus sozialarbeitstheoretischer Perspektive

Kapitelüberblick

Grundlage der Bestimmung des Gegenstands der Unterstützung in der Sozialen Arbeit ist zunächst die internationale Definition der Sozialen Arbeit (▶ Kap. 4.1). Im Umgang mit dieser weitreichenden Annäherung kommt es darauf an, den sehr allgemeinen Rahmen unter Beachtung des Kontextes auszufüllen, in dem die Soziale Arbeit praktiziert wird. Dies erfolgt unter Rückgriff auf einschlägige gegenwärtig relevante generalistische Theorien der Sozialen Arbeit. Hierzu zählen der emanzipatorische Ansatz (▶ Kap. 4.2), die subjekt- und ortstheoretische Perspektive (▶ Kap. 4.3), die Lebensweltorientierung (▶ Kap. 4.4), der Ansatz der Lebensbewältigung (▶ Kap. 4.5), der sozialökologische Zugang (▶ Kap. 4.6), die systemisch-prozessuale Soziale Arbeit (▶ Kap. 4.7) und die auf dem Capabilities Approach basierende daseinsmächtige Lebensführung (▶ Kap. 4.8). In der Zusammenführung der ganz unterschiedlichen Perspektiven (▶ Kap. 4.9) werden die Konturen der Unterstützung in der Sozialen Arbeit sichtbar.

Damit gewinnt das Recht auf Unterstützung eine inhaltliche Ausprägung, die dazu beiträgt, den sozialstaatlichen Rahmen aus der Sicht der Sozialen Arbeit eigenständig auszufüllen und weiterführende Impulse einzubringen.

4.1 Internationale Perspektive auf den Gegenstand der Sozialen Arbeit

Die internationale Definition der Sozialen Arbeit, im Juli 2014 von der Generalversammlung der International Federation of Social Workers (IFSW) und der Generalversammlung der International Association of Schools of Social Work (IASSW) verabschiedet, liefert ein Fundament für die Gegenstandsbestimmung. Die sehr allgemeinen Bestandteile der Definition Sozialer Arbeit stecken einen Konsensrahmen ab, innerhalb dessen theoretisch fundierte Konkretisierungen erforderlich sind, die in den folgenden Kapiteln vorgelegt werden. Doch zunächst zur internationalen Sicht auf die Soziale Arbeit unter besonderer Berücksichtigung des darin enthaltenen Gegenstandsverständnisses.

Als Profession und Disziplin bestehen die vorrangigen Aufgaben der Sozialen Arbeit darin, den sozialen Wandel im Interesse des sozialen Zusammenhalts sowie der Stärkung der Autonomie der Menschen zu fördern. Die gleichzeitige Berücksichtigung von Strukturen und Menschen in der wissenschaftlich-analytischen und der praktischen Ausrichtung der Sozialen Arbeit soll dazu beitragen, das Wohlbefinden der Individuen zu verbessern und sie zu befähigen, Herausforderungen des Lebens zu bewältigen. Hierbei greift die Soziale Arbeit zum einen auf ein breites Wissen zurück, das den Theorien der Sozialen Arbeit und angrenzenden Sozial- und Geisteswissenschaften sowie indigenen, also in alltäglichen Zusammenhängen entwickelten Wissensformen entnommen wird. Zum anderen agiert die Soziale Arbeit nach den Grundsätzen der sozialen Gerechtigkeit, der Menschenwürde und der Verantwortung im Umgang mit Vielfalt und Heterogenität (vgl. Global Definition of Social Work).

Der Gegenstand der Sozialen Arbeit ist in dieser theorieübergreifenden Definition auf Menschen in ihren sozialen Kontexten gerichtet. Die Auseinandersetzung mit dem sozialen Wandel und dem gesellschaftlichen Zusammenhang erfolgt mit dem Ziel, Menschen darin zu unterstützen, ihre Potenziale zu entfalten und selbstständig zu leben. Wann man davon ausgehen kann, dass Menschen ihre Potenziale entfaltet haben und wann von einer selbstständigen Lebensführung gesprochen werden kann, ist interpretationsbedürftig. In den Theorien der Sozialen Arbeit werden diese Themen in ganz unterschiedlicher Lesart und mit unterschiedlichen Schwerpunktsetzungen aufgegriffen. Die Aufgabe besteht darin, ein konsistentes Bild zu formen, das der Sozialen Arbeit in ihren Unterstützungsangeboten eine Richtung anbietet, die mit ihrem hier formulierten Grundanliegen vereinbar ist. Der Prozess der Unterstützung in den einzelnen Arbeitsfeldern der Sozialen Arbeit, die die gesamte Lebensspanne von der Schwangerschaftskonfliktberatung bis zur Hospizarbeit umfassen, erfordert neben dem wissenschaftlichen Wissen auch die Berücksichtigung indigenen Wissens. Die Berücksichtigung dieses Wissens dient zuerst dem Anliegen, einen kolonisierenden Umgang mit Menschen zu vermeiden, insbesondere den Primat wissenschaftlich-westlichen Wissens zurückzudrängen. Zugleich kann man darin auch ein Plädoyer dafür lesen, lebensweltliches Wissen, das Familien in ihren Lebenslagen, wohnungslose Menschen in ihren Milieus oder Geflüchtete mit ihren Überlebensstrategien entwickeln, zu würdigen und im Unterstützungsprozess daran anzuschließen. Die Wissensbasis der Sozialen Arbeit erfährt damit eine systematische Erweiterung.

Die internationale oder globale Definition der Sozialen Arbeit unterstreicht mit den ausdrücklich herangezogenen handlungsleitenden Grundsätzen der sozialen Gerechtigkeit, der Menschenrechte und der Verantwortung den normativen Charakter der Disziplin und Profession. Der Gegenstand der Sozialen Arbeit fordert aus handlungswissenschaftlicher Sicht zur Intervention auf, die mit den Grundsätzen ein individual- und sozialethisches Fundament erhalten. Die internationale oder globale Definition der Sozialen Arbeit umreißt so den Gegenstand nur sehr allgemein, der Rückgriff auf ausgewählte theoretische Positionen gestattet eine kontextorientierte Vertiefung, die für die Ausbuchstabierung des Rechts auf Unterstützung erforderlich ist.

4.2 Emanzipatorische Perspektive auf den Gegenstand der Sozialen Arbeit

Unterstützung mit dem Ziel der Förderung der Emanzipation und Mündigkeit der Adressat:innen begleitet die Soziale Arbeit seit langer Zeit. Wesentliche Impulse dafür sind den Arbeiten von Klaus Mollenhauer zu entnehmen, in denen er die Soziale Arbeit (bei ihm ist noch durchgängig die Rede von Sozialpädagogik) mit gesellschaftsanalytischen Fragen in einer kritischen Lesart verbindet. Zentral ist für ihn die Frage, auf welchem Weg es möglich ist, junge Menschen in ihrer Autonomie sozialpädagogisch zu fördern. Zwar bezieht sich Mollenhauer überwiegend auf Fragen der Erziehung und der Jugendhilfe (vgl. Mollenhauer 2000, 448), seine Einsichten können gleichwohl auf den Gegenstand der Sozialen Arbeit insgesamt übertragen werden. Mollenhauer hat bereits 1966, also lange vor der Etablierung des integrativen Begriffs Soziale Arbeit für die Bereiche Sozialpädagogik und Sozialarbeit festgehalten, dass die beiden Flügel mit gleichen Themen und Problemen befasst sind, eine eindeutige Abgrenzung sei wegen der überwiegenden Gemeinsamkeiten demnach nicht sinnvoll (vgl. Mollenhauer 1998b, 317).

Die Auseinandersetzung mit Emanzipation, Mündigkeit und Autonomie in der Sozialen Arbeit erfordert einerseits den Blick auf die Zielgruppen, andererseits auf gesellschaftliche Normalitätserwartungen hinsichtlich ihrer Gültigkeit (vgl. Mollenhauer 2000, 474). In dieser doppelten Ausrichtung wird deutlich, dass der Umgang mit gesellschaftlichen Normalitätserwartungen stets aus einer kritischen Perspektive erfolgt. Soziale Arbeit wird von einer nur gesellschaftsstabilisierenden Funktionszuweisung emanzipiert, die Umweltanforderungen werden in Bezug auf die Ermöglichung eines mündigen Lebens untersucht.

Offensive Sozialpädagogik

Damit steht dieser Ansatz in der Tradition der sogenannten Offensiven Sozialpädagogik, die in den 1970er Jahren mit dem Ziel entwi-

4.2 Emanzipatorische Perspektive auf den Gegenstand der Sozialen Arbeit

> ckelt wurde, in der Theorie und Praxis der Sozialen Arbeit wegzukommen von einer Anpassung der Adressat:innen an bürgerliche Normen und an traditionelle Lebensentwürfe. Gesellschaftliche Widersprüche wurden analysiert, ausgehend von vorenthaltenen Grundrechten für Menschen in benachteiligten Lebenslagen und verbunden mit der Suche nach Wegen, für subjektiv befriedigende Lebensbedingungen einzutreten (vgl. Giesecke 1981, 5f.).

Durch kritische Bildungsangebote sollen die Adressat:innen auch befähigt werden, für gesellschaftliche Veränderungen einzutreten und an den Grundlagen für ein Leben in Freiheit und Vernunft mitzuarbeiten (vgl. Mollenhauer 1973, 65f.). Mollenhauer schreibt der Sozialen Arbeit ein doppeltes politisches Mandat zu. Einerseits sieht er die Soziale Arbeit in ihrer politisch-analytischen Rolle, die sich mit den jeweils gegebenen Verhältnissen nicht arrangiert, sondern Veränderungen anstrebt für ein emanzipiertes Leben. Andererseits werden Adressat:innen auch als politische Akteure oder Mitstreiter:innen auf diesem Weg durch die Befähigung zur kritischen Reflexion betrachtet, die sie motiviert, entfremdende und einschränkende bürgerliche Lebenserwartungen infrage zu stellen.

Sozialarbeiterisches Handeln zielt unter Beachtung der umrissenen kritischen Programmatik auf die Förderung sozialer Integration, für deren Gelingen die Subjekte mit ihren Möglichkeiten und Fähigkeiten sowie die Umwelt mit ihrer Bereitschaft zur Integration und ihren ausgrenzenden Mechanismen zu berücksichtigen sind. Integration als zentrales Prinzip der Sozialen Arbeit umfasst nach Mollenhauer unterschiedliche Ebenen, die auf vielfältige Weise miteinander verwoben sind und Wechselwirkungen entfalten.

> **Integration nach Mollenhauer**
>
> In der *strukturellen Integration* geht es um gleiche soziale und politische Rechte. *Soziale Integration* umfasst den fairen Zugang zu unterschiedlichen Formen sozialer Netze und Organisationen. Das Nor-

> mensystem und der Umgang mit gesellschaftlichen Rollenerwartungen tangieren die *kulturelle Integration*. Schließlich ist die *persönliche Integration* relevant, die für die Identifikation des Individuums mit seiner Bezugsgesellschaft steht (vgl. Mollenhauer 2013, 452f.).

In der Unterstützung der mehrdimensionalen Integration in diesem Zuschnitt sind generative Themen vor allem unter Würdigung des gesellschaftlichen Wandels und komplexer werdender biografischer Verläufe sowie schwieriger gewordene Normalitätsbalancen zu beachten, die mit Fragen von Ausgrenzung in Verbindung stehen. Hinzu kommt die ausdrückliche Beachtung von Armut und ihrer vielfältigen Folgen für davon betroffene Menschen, die unter den Zielgruppen der Sozialen Arbeit dominieren. Stets sind dabei verschiedene Hintergründe der Adressat:innen, unterschiedliche Lebensgeschichten, Identitäten und Zugehörigkeiten in die handlungsorientierten Überlegungen einzubeziehen (vgl. Mollenhauer 1996, 877f.). Diese Themenpalette der Gegenstandsbestimmung trägt dazu bei, die Kernaufgaben der Sozialen Arbeit und damit auch ihre Zuständigkeiten zu definieren, die sie als eigenständige Profession erkennbar machen.

Die kritisch-bildungsorientierten Schwerpunkte, die in diesem Ansatz eine zentrale Rolle spielen, wirken sich auf das Unterstützungsverständnis in der Sozialen Arbeit aus. Für Mollenhauer ist es entscheidend, dass sozialarbeiterisches Handeln theoriebasiert erfolgt und nicht auf eine theorielose Methodik oder gar Technik verengt wird (vgl. Mollenhauer & Münchmeier 2013, 271). Gegenwärtigen Tendenzen in der Sozialen Arbeit (insbesondere durch Leistungsträger an sie herangetragen), ihre unmittelbare Wirksamkeit nachzuweisen, wird damit eine klare Absage erteilt. Das nicht-technologische Handlungsverständnis, das für die Konkretisierung der Unterstützung in der Sozialen Arbeit herangezogen wird, verweist auf Bildungsprozesse, die zu initiieren sind. Menschen in ihrer Bildsamkeit und damit auch Veränderbarkeit zu sehen impliziert für den Unterstützungsprozess, sie an allen Schritten zu beteiligen, mehr noch, ihre Selbsttätigkeit einzufordern, anders ist Bildung nicht zu realisieren. Unterstützungsangebote brauchen dafür einen Aufforderungscharakter, der Adressat:innen anspricht und ihre

Aneignungstätigkeiten in Gang setzt (vgl. Mollenhauer 1998a, 32f.). Dieser programmatische Anspruch wird in der subjekt- und ortstheoretischen Annäherung an die Soziale Arbeit explizit aufgegriffen, wie die folgenden Hinweise zeigen.

4.3 Subjekt- und ortstheoretische Perspektive auf den Gegenstand der Sozialen Arbeit

In einer Theorie der Sozialpädagogik, wie Michael Winkler sie vorgelegt hat, sind Subjekte an ihren Orten zu reflektieren. Dieser Fokus hat unmittelbare Auswirkungen auf das Unterstützungs- und Handlungsverständnis in der Sozialen Arbeit, in dem das Subjekt in seiner Auseinandersetzung mit der Umwelt im Mittelpunkt steht (vgl. Winkler 2015, 204). Für Winklers Subjektverständnis ist die Dialektik von Person und Umwelt ausschlaggebend. Das Subjekt ist nicht das ausschließliche Resultat der gesellschaftlichen Verhältnisse, deren deterministische Einflüsse werden durch Eigenaktivitäten des Subjekts begrenzt. In der näheren Bestimmung des Subjekt-Gesellschaft-Verhältnisses greift Winkler auf die »Thesen über Feuerbach« von Karl Marx zurück, in denen die menschliche Tätigkeit als gegenständliche Tätigkeit verstanden wird, die auf die gestaltbaren Lebensumstände einwirkt. Die menschliche Tätigkeit im Sinne der Einwirkung oder Gestaltung der Lebensumstände ist per se mit Selbstveränderungen verbunden (vgl. Marx 1971, 339f.). Verallgemeinernd ist festzuhalten, dass Subjekte sich in der Auseinandersetzung und damit auch der Aneignung von Umwelt entwickeln und ihre Potenziale entfalten. Dieser Prozess ist störanfällig, insbesondere dann, wenn die Umwelt keine ausreichenden Aneignungsmöglichkeiten für auf Erziehung und Bildung angewiesene Subjekte mit ihren je individuellen Fähigkeiten bereitstellt.

Im neuzeitlichen Subjektverständnis, dem Winkler in seiner sozialpädagogischen Theorie folgt, ist angelegt, dass sich Individuen nicht umstandslos in gesellschaftliche Vorgaben einfügen, sondern sich diese in einem offenen Entwicklungsprozess aneignen, für dessen Gelingen die Fähigkeit zur inneren und äußeren Distanz unabdingbar ist (vgl. Winkler 1998, 148f.). Pädagogisch gewendet geht das Subjekt aus dem Aneignungshandeln verändert hervor, dahinter liegt also ein transformatischer Bildungsprozess, der zum einen den Erwerb neuer Kompetenzen und zum anderen ein verändertes Verständnis der Wirklichkeit umfasst, allerdings nur dann, wenn das Subjekt auf für es relevante und weiterführende Lernmöglichkeiten trifft, die es eigenständig nutzen kann (vgl. Koller 2018, 15f.). In der Bereitstellung von Orten, die Subjekte sich materiell und symbolisch aneignen können, sieht Winkler eine zentrale Aufgabe der bildungsorientierten Unterstützung in der Sozialen Arbeit (vgl. Winkler 2018a, 348f.).

Die aneignende Auseinandersetzung des Subjekts mit der natürlichen, sozialen, kulturellen und geistigen Welt wird u. a. durch die Gesellschaftsstruktur und die soziale Lage, in die Menschen geraten oder gedrängt werden, beeinträchtigt, sie bleiben dann hinter ihren Möglichkeiten zurück (vgl. Winkler 2018b, 194f.).

Modi der Identität und der Differenz

Gelingende Aneignung wird mit dem »Modus der Identität«, misslingende Aneignung mit dem »Modus der Differenz« bezeichnet. Im »Modus der Identität« erleben Subjekte, dass sie ihre Aneignungspotenziale zur Geltung bringen können, sie stimmen gewissermaßen mit sich überein. Anders im »Modus der Differenz«: Der Aneignungsprozess erfolgt hier nicht reibungslos. Unterschieden wird in der Theorie der »relative Modus der Differenz« – Aneignung gelingt noch teilweise trotz bereits manifester Abweichungen wie Sucht oder Delinquenz – vom »absoluten Modus der Differenz«, in dem Subjekte in ihrem Zustand fixiert sind und entwicklungsförderliche Aneignungen nicht mehr gelingen (vgl. Winkler 1988, 153f.).

Der »absolute Modus der Differenz« liegt beispielsweise bei der Verstellung von Aneignungsspielräumen bei langjähriger Wohnungslosigkeit, verbunden mit einer umfassenden Stigmatisierung, vor. Unterstützung in der Sozialen Arbeit steht vor der Herausforderung, bei den Modi der Differenz gemeinsam mit den Adressat:innen einerseits für Lebensbedingungen einzutreten, die Entwicklungsmöglichkeiten eröffnen, und andererseits mit Subjekten ihre Lebenspraxis zu reflektieren und individuelle Möglichkeiten zu fördern (vgl. Winkler 2015, 219f.).

Die Bearbeitung von Lebensumständen und die Unterstützung der Subjekte in der Entfaltung ihrer Potenziale setzen nach dem hier zugrunde gelegten Theorieverständnis der Sozialen Arbeit die Gestaltung geeigneter Orte im weiteren Sinn voraus. Orte können sozialpädagogische Arrangements in der Heimerziehung oder der Wohnheimgestaltung für psychisch beeinträchtigte Menschen oder auch der persönliche Lebensraum sein, der gemeinsam (re-)organisiert wird. Entscheidend ist, dass durch die sozialpädagogische Gestaltung des Ortes Subjekte die Gelegenheit finden, sich von entwicklungshemmenden Bedingungen zu distanzieren und im Ergebnis auch zu emanzipieren. Zu den elementaren Anforderungen an aneignungsförderliche Orte zählt Winkler unter Rückgriff auf zahlreiche pädagogische Klassiker wie Rousseau, Pestalozzi, Wichern oder Vertreter:innen der Reformpädagogik, um nur einige Quellen zu nennen, die folgenden Kriterien.

- Der Ort soll Subjekten das Gefühl von *Schutz und Sicherheit* bieten, denn erst auf dieser Basis können sie Aneignungsschritte wagen. Schutz und Sicherheit kann durch auskömmliche Lebensgrundlagen, durch die vorübergehende Entlastung von gesellschaftlichen oder persönlichen Anforderungen und insbesondere durch Respekt vor dem privaten Raum, der den Subjekten exklusiv zur Verfügung steht, realisiert werden.
- Damit Subjekte ihre Kreativität entfalten können, benötigen sie *Räume für Improvisationen*, zugleich sind sie durch gezielte Inszenierungen darauf angewiesen, nicht ständig überfordert und entmutigt zu werden.
- An Orten sind Subjekte darauf angewiesen, auf *Gewohntes* zu stoßen, das mit Routinen bewältigt werden kann, und ergänzend auf neue Anforderungen an ganz verschiedenen Orten wie der Familie, der Schule, der Arbeitswelt oder der Freizeit, die den Blick auf das eigene Leben erweitern.

4 Gegenstand der Unterstützung aus sozialarbeitstheoretischer Perspektive

- Damit Subjekte durch die Aneignung sie umgebender Orte vorankommen, sind sie auf *begleitende Korrekturen* und ein hohes Maß an *Fehlerfreundlichkeit* angewiesen, die sie immer neu ermutigen, sich auf das Ungewohnte einzulassen.
- Als soziale und kooperierende Wesen stellen Orte immer Gelegenheiten der *Kommunikation und Interaktion* dar, die es Subjekten erlauben, Beziehungserfahrungen zu machen und ihre sozialen Fähigkeiten im Miteinander zu erproben und weiterzuentwickeln.

Hierzu trägt auch die Reflexion der eigenen Lebensgeschichten mit anderen Menschen bei, die immer wieder neue Perspektiven auf sich und andere eröffnen. Ist ein Ort offen für den Verbleib, das Verlassen und die Rückkehr, lassen sich Subjekte leichter auf Veränderungen ein, die nicht immer gleich einen Bruch mit den bisherigen Umständen bedeuten (vgl. Winkler 2009, 600f.).

Resümierend ist für das Verständnis der Unterstützung in der Sozialen Arbeit festzuhalten, dass Subjekte auf eine sie in ihrer Entwicklung unterstützende Umgebung angewiesen sind, die gezielt zu analysieren und zu gestalten ist. Hierzu zählen so weit auseinanderliegende Bereiche wie Behörden, auf die Menschen zurückgreifen, unterschiedliche Wohnangebote oder die Arbeit im privaten Raum der Adressat:innen. Der Blickwinkel wird mit diesem theoretischen Zugang erweitert. Das handlungsfähige Subjekt kommt nicht ohne Umfeldarrangements aus, schon gar nicht, wenn es durch belastende Erfahrungen in einen »Modus der Differenz« geraten ist. Der vorgestellte Zugang zur Sozialen Arbeit setzt eigene Akzente zur Erfassung des für die Soziale Arbeit maßgeblichen Person-Umwelt-Verhältnisses. Treffend kommt dies in der Beschreibung des Menschenbildes zum Ausdruck, dem Winkler in seiner Subjekt- und Ortstheorie folgt:

> »Menschen sind keineswegs einfache soziale Wesen, sondern leben praktisch-sinnlich in der Welt; sie eignen sich diese mit den eigenen Sinnen eigenwillig und eigenartig an, werden im Sozialen und Kulturellen individuelle Subjekte« (Winkler 2018b, 193).

Wie Subjekte ihre Welt erleben, welche Schichten dafür relevant sind, wie sie auf ihre Welt reagieren, das ist ein zentrales Thema in der Lebensweltorientierten Sozialen Arbeit, deren Beiträge für die Gegenstandsbestimmung im Folgenden herausgestellt werden.

4.4 Lebenswelttheoretische Perspektive auf den Gegenstand der Sozialen Arbeit

Der lebenswelttheoretische Blick auf den Gegenstand der Sozialen Arbeit und damit auch die Unterstützung ist seit rund vier Jahrzehnten ein fester und prominenter Bestandteil des Diskurses, der vor allem von Hans Thiersch und seit einiger Zeit auch von Klaus Grunwald vertreten wird. Verallgemeinernd ist festzuhalten, dass im lebenswelttheoretischen Gegenstandsverständnis Unterstützung einerseits darauf zielt, in der aktuellen Lebenswelt zurechtzukommen und andererseits nicht ausgeschöpfte Möglichkeiten zu erschließen.

> **Lebenswelt**
>
> Die Lebenswelt umfasst strukturanalytisch Raum, Zeit und Beziehungen. Menschen nehmen den Raum in Bezug auf ihre örtliche Umwelt, auf erreichbare räumliche Bedingungen und auf Vertrautheit und Sicherheit wahr. Die Wahrnehmung von Zeit umfasst gegenwärtige Erlebnisse, die in Verbindung mit der Vergangenheit und ihre Bedeutung für die Zukunft gebracht werden. Beziehungen repräsentieren die soziale Struktur der Lebenswelt, in ihnen spiegeln sich Begegnungen, die für das eigene Selbstverständnis relevant sind (vgl. Schütz & Luckmann 2003, 71f.).

In der Lebensweltorientierung werden die Dimensionen Zeit, Raum und Beziehungen systematisch aufgegriffen.

4 Gegenstand der Unterstützung aus sozialarbeitstheoretischer Perspektive

> **Zeit, Raum und Beziehungen in der Lebensweltorientierung**
>
> In Bezug auf die Zeit geht es darum, mit Adressat:innen den Lebenslauf zu reflektieren und Perspektiven zu erarbeiten für die Zukunft. Der Blick auf den Raum führt dazu, das Raumerleben zu verstehen, räumliche Verhältnisse etwa in Bezug auf die Wohnsituation oder die sozialräumlichen Bedingungen zu analysieren und sie so zu gestalten, dass Menschen darin Sicherheit und Anregungen erfahren. Soziale Beziehungen werden mit ihren darin angelegten Erfahrungen und Unterstützungspotenzialen, aber auch mit den von ihnen ausgehenden Einschränkungen aufgegriffen.

Das Verständnis der Lebenswelt ist subjektiv geprägt, Menschen entwickeln alltägliche Routinen und darauf bezogene Deutungsmuster (vgl. Grunwald & Thiersch 2016, 33f.).

In den Texten zur Lebensweltorientierten Sozialen Arbeit bleibt offen, wie die subjektiven Deutungen der Lebenswelt der Adressat:innen bzw. der Menschen überhaupt zustande kommen. Man kann sich des Eindrucks nicht erwehren, dass die Bilder über die Lebenswelt danach fast zufällig entstehen. Die Lücke in der Rekonstruktion lebensweltlicher Deutungen lässt sich durch die Einbeziehung des Relationalen Konstruktivismus als Theoriebaustein der Sozialen Arbeit zumindest verringern. In diesem Zugang wird die Lebenswelt als subjektive Perspektive bzw. Konstruktion der Wirklichkeit verstanden, die von der Lebenslage eines Menschen beeinflusst wird.

> **Lebenslage**
>
> Die Lebenslage umfasst die materiellen, organischen und immateriellen Bedingungen der Wirklichkeit, die Kognitionen durch Anregungen und Ausstattungen bereichern oder verarmen lassen (vgl. Kraus 2019, 35f.).

4.4 Lebenswelttheoretische Perspektive auf den Gegenstand der Sozialen Arbeit

Für die Ausbuchstabierung der Unterstützung unter einer lebensweltorientierten Perspektive resultiert aus dieser Ergänzung: Lebensweltliche Deutungen können nicht nur über kommunikative Interventionen verändert werden, ganz entscheidend sind auch konkrete Lebensbedingungen mit ihren Ermöglichungen und Begrenzungen, auf die Soziale Arbeit Einfluss nimmt.

Für die Lebensweltorientierung in der Sozialen Arbeit ist der subjektive Blick der Adressat:innen, ihr Verständnis bzw. ihre Deutung der Lebenswelt als Ausgangspunkt der Unterstützung relevant. Lebensweltliche Aufgaben, die in den Bereichen Raum, Zeit und Beziehungen angesiedelt sind, werden von den Menschen auf der Basis ihres entwickelten Wissens und ihrer lebensweltlich mit anderen geteilten Erfahrungen bewältigt. Erst wenn Aufgaben mit dem vorhandenen Wissens- und Erfahrungsvorrat nicht mehr erledigt werden können, kommen lebensweltliche Gewissheiten ins Wanken, neue Sichtweisen und Verhaltensweisen erhalten jetzt eine Chance (vgl. Schütz & Luckmann 2003, 29f.). Dieses phänomenologisch-interaktionistische Lebensweltverständnis unterstreicht, dass es der darauf ausgerichteten Sozialen Arbeit nicht nur darum geht, vorhandene Strukturen zu stabilisieren, sondern auch bei Bedarf neue Wege für einen gelingenderen Alltag zu finden, der Menschen emanzipatorische Möglichkeiten eines humaneren Lebens eröffnet (vgl. Lambers 2020, 90f.). Die Ausführungen über den gelingenderen Alltag bleiben in der Lebensweltorientierung aus guten Gründen vage. Um eine Bevormundung zu vermeiden, wird an die Sichtweisen der Adressat:innen angeknüpft, die ermuntert werden, den Horizont des Gegebenen zu überschreiten, indem Widersprüche und Ungereimtheiten thematisiert werden. Für den Unterstützungsprozess erfordert die Bemühung um ein höheres Verstehen im Sinne der Aufdeckung verborgener Potenziale einen distanzierten Blick, das Einbringen wissenschaftlicher Erkenntnisse und vor allem die Bereitschaft, gemeinsam mit den Adressat:innen in einem strukturierten und zugleich situativ offenen Vorgehen Alternativen zur gegebenen Lebenswelt zu entdecken und damit Veränderungen zu ermöglichen (vgl. Thiersch 2020, 66f.).

Der Gegenstand der Sozialen Arbeit umfasst mithin die Stabilisierung von Menschen in ihren Verhältnissen und zugleich eine normative Idee des besseren oder gelingenderen Lebens (vgl. Sandermann &

Neumann 2018, 83f.). In der sozialpädagogischen Rezeption der Lebensweltidee geht man davon aus, dass in den lebensweltlichen Routinen bereits Hinweise auf noch nicht realisierte Lebensentwürfe angelegt sind, die im Unterstützungsprozess freigelegt werden können, immer in Kooperation mit den Adressat:innen. Die Dialektik der Lebenswelt in ihrer je konkreten Erscheinung und ihren dahinter liegenden Potenzialen steht für die Doppelbödigkeit des Alltags, in dem sich Menschen mit ihren Verhältnissen arrangieren (vgl. Thiersch 2020, 66f.). Mit der Orientierung der Sozialen Arbeit an der Lebenswelt in dieser doppelten Perspektive wird der Kreis der Adressat:innen deutlich erweitert, geht es doch nicht mehr nur darum, Menschen bei der Bewältigung akuter sozialer Probleme zu unterstützen, sondern auch um Unterstützung in der alltäglichen Lebenswelt, mit der Menschen überfordert und auf Unterstützung angewiesen sind (vgl. Grunwald & Thiersch 2016, 39). Angesprochen werden beispielsweise auch Jugendliche in der Offenen Kinder- und Jugendarbeit, Bewohner:innen in Stadtteilen durch Begegnungsstätten oder Familienzentren sowie Patient:innen im Krankenhaus, die sozialökonomisch gut situiert sind, mit ihrer Krankheit im Alltag aber nicht zurechtkommen.

Für den Unterstützungsprozess folgt aus der Lebensweltorientierung, dass Adressat:innen mit ihren räumlichen, zeitlichen und beziehungsrelevanten Themen wahrgenommen und hinsichtlich der Bewältigung aktueller Herausforderungen begleitet werden. Eine so verstandene Soziale Arbeit lässt sich inhaltlich auf den facettenreichen Alltag ein, in dem das Leben stattfindet. Zugleich geht es um eine vorausschauende Haltung im Umgang mit den Adressat:innen, die ermuntert werden, ihre lebensweltlichen Begrenzungen zu sehen und im Interesse eines gelingenderen Alltags zu überwinden. In der Interaktion und Kommunikation werden Hinweise auf nicht gelebte Bedürfnisse und Wünsche, auf Unzufriedenheit und Leiden an der Gegenwart aufgegriffen und gemeinsam reflektiert. Daraus können Veränderungswünsche erwachsen, bei deren Umsetzung Adressat:innen unterstützt werden. Zugleich, dies hat der Einschub über den Relationalen Konstruktivismus gezeigt, können lebensweltliche Deutungen auch durch die Gestaltung der Lebenslage verändert werden. Das Unterstützungsmandat wird teilweise erst im Prozess deutlich und weiterentwickelt. Eine formale Begrenzung auf ein Thema wie die Regulierung von Schulden oder die Wiederaufnahme einer Erwerbstätigkeit würde die lebensweltlichen Potenziale von Menschen verfehlen. Dieses Versäumnis kann ausschlaggebend dafür sein, dass die Unterstützung der Sozialen Arbeit ihre intendierten Wirkungen nicht erreicht. Die Unterstützung in der Lebensweltorientierten Sozialen Arbeit hat einen nicht-affirmativen Charakter im Umgang mit der sozialstaatlichen Beauftragung und dem Mandat, das Adressat:innen erteilen. Nur so kann der Horizont der aktuellen Lebenswelt zugunsten der noch nicht gelebten Möglichkeiten überschritten werden. Eine vertiefte Auseinandersetzung mit den angeklungenen alltäglichen Bewältigungsaufgaben und deren Auswirkungen auf Subjekte liefert der Zugang der Lebensbewältigung, der im Anschluss behandelt wird.

4.5 Lebensbewältigungstheoretische Perspektive auf den Gegenstand der Sozialen Arbeit

Ausgehend von der Bewältigungstatsache geht es in dieser Lesart der Sozialen Arbeit, die insbesondere Lothar Böhnisch repräsentiert, um die Auseinandersetzung mit den subjektiven Handlungsmöglichkeiten der Adressat:innen, die immer mit den gesellschaftlichen Rahmenbedingungen verbunden sind. Lebensbewältigung, besonders störanfällig in biografischen Übergangsphasen wie Reifungsprozessen, Beendigung der Schule bzw. Ausbildung oder Familiengründung, ist untrennbar mit Fragen der Integration und Desintegration verbunden (vgl. Böhnisch 2018, 11f.).

> **Desintegrative Prozessen**
>
> Zu desintegrativen Prozessen, seien es gegen sich selbst oder gegen andere gerichtete destruktive Handlungen, kommt es insbesondere

> dann, wenn Subjekte nicht die Möglichkeiten finden, ihre Belastungen und Herausforderungen adäquat zu thematisieren bzw. zu kommunizieren (vgl. Böhnisch 2016, 23). Dahinter stehen kritische Lebensereignisse, die für Betroffene mit dem Risiko verbunden sind, aus dem Gleichgewicht zu geraten und ihre ansonsten vorhandenen psychosozialen Handlungsfähigkeiten zumindest vorübergehend einzubüßen. Kritische Lebensereignisse gehen häufig mit Verlusten wie Trennungen oder Erwerbslosigkeit einher, sie bringen die Balance von Person und Umwelt durcheinander, führen zu heftigen emotionalen Reaktionen und dem Gefühl des Kontrollverlusts. Das Selbstbild wird ebenso in Mitleidenschaft gezogen wie das Weltbild, Ziele gehen aus dem Horizont verloren und es werden immer weitere Lebensbereiche wie das familiäre, soziale oder berufliche Umfeld tangiert (vgl. Filipp & Aymanns 2018, 56f.).

Für den Unterstützungsprozess folgt aus dieser ersten Annäherung an die Lebensbewältigungsperspektive, dass es die Soziale Arbeit in vielen Fällen mit Adressat:innen zu tun hat, die sich in einer persönlich instabilen Situation mit Ausstrahlung auf ihre gesellschaftliche Platzierung befinden. Sie benötigen umfängliche Unterstützung, die weit über standardisierte Leistungen hinausgeht und ihre subjektive Verfassung würdigt. Mit der Ausrichtung auf die subjektiven Aspekte von Bewältigungsproblemen, die im gesellschaftlichen Kontext gesehen werden, unterscheiden sich Interventionen der Sozialen Arbeit von standardisierten oder generalisierten sozialstaatlichen Leistungen wie Krankengeldzahlungen oder sonstigen Sozialversicherungsleistungen (vgl. Böhnisch 2019, 181f.). Die Soziale Arbeit beansprucht damit einen eigenständigen Status neben dem generalisierten System der sozialen Sicherung, dessen Leistungen sie gleichwohl zur Gestaltung von Lebenslagen und sozialen Infrastrukturen in ihre Überlegungen und Interventionen einbezieht.

Menschen bei der Lebensbewältigung unter Einbeziehung ihrer gesellschaftlichen Lebensbedingungen zu unterstützen, setzt vertiefte Kenntnisse sozialarbeiterisch relevanter Bewältigungsdimensionen voraus. Diese umfassen die folgenden Bereiche:

4.5 Lebensbewältigungstheoretische Perspektive

- **Selbstwertverlust**
Können Individuen in sozialökonomisch prekären Lebenslagen ihre Bedürfnisse nicht befriedigen und ihre Potenziale nicht entfalten, belastet dies u. a. in einer tiefenpsychologischen Perspektive ihr Selbstwertgefühl. Ein Abspaltungsdruck, der zu nach innen und/oder außen gerichteten negativen Verhaltensweisen führt, entsteht vor allem dann, wenn die Betroffenen keine Möglichkeit finden, über ihre Schwierigkeiten entlastend zu kommunizieren.
- **Soziale Orientierungslosigkeit**
Wissen über Werte und Normen sowie gesellschaftliche Erwartungen ist ein Faktor für die Etablierung sozial akzeptierten Handelns. Bleiben Menschen allerdings für sie relevante Errungenschaften der Gesellschaft versagt, steigt das Risiko abweichenden Verhaltens. Zur Erklärung dieses Prozesses wird im Ansatz der Lebensbewältigung auf die Anomietheorie zurückgegriffen, nach der von Ausgrenzung betroffene Menschen sich vermehrt hilf- und sozial orientierungslos erleben. Auch hier entsteht ein Abspaltungsdruck, wenn keine Interaktionsräume für die Thematisierung dieses Erlebens gefunden werden.
- **Verlust des sozialen Rückhalts**
Die Bewältigung unterschiedlicher Lebens- und Entwicklungsaufgaben erfordert Rückhalt in formellen und informellen sozialen Netzen, die für das persönliche Wohlergehen und die Prävention sowie die erfolgreiche Bewältigung von Herausforderungen ausschlaggebend sind. Eine gute soziale Einbindung trägt überdies zu einem besseren Selbstwertgefühl und einer teilhabeförderlichen sozialen Orientierung bei wie auch umgekehrt sozialer Rückhalt der sozialen Orientierung und dem Selbstwertgefühl dienlich ist.
- **Soziale Normalisierung**
Mit dieser Dimension der Lebensbewältigung ist die soziale Integration angesprochen. Menschen orientieren sich in der Gesellschaft an Normalitätsvorstellungen, an denen sie auch von anderen gemessen werden. Soziale Normalisierung als Entwicklungsziel dient dazu, die persönliche Handlungsfähigkeit in einer sozial akzeptablen Weise wiederherzustellen (vgl. Böhnisch 2018, 24f.).

Aus den Dimensionen der Lebensbewältigung resultieren für die auf die Wiederherstellung der psychosozialen Handlungsfähigkeit zielende sozialarbeiterische Unterstützung unterschiedliche Anforderungen. Ob in der pädagogisch ausgerichteten Beratungs- und Befähigungsarbeit oder in der Gestaltung von Milieus und Lebensräumen – immer kommt es darauf an, Adressat:innen auf den Ebenen von Ausdruck, Anerkennung, Abhängigkeit und Aneignung zur Seite zu stehen.

> **Ausdruck, Anerkennung, Abhängigkeit und Aneignung**
>
> In Bezug auf *Ausdruck* geht es darum, Räume und Möglichkeiten bereitzustellen, Befindlichkeiten zur Sprache zu bringen, um Abspaltungsdruck zu verringern oder zu überwinden. *Anerkennung* steht für einen wertschätzenden und die Person mit ihren Fähigkeiten würdigenden Umgang in einem partizipativen Arbeitsprozess. Hinsichtlich der *Abhängigkeit* kommt es darauf an, im Anschluss an die Empowermentperspektive selbstbestimmtes Handeln zu ermöglichen und kritisch-reflexiv mit Machtfragen in Hilfebeziehungen umzugehen. Durch den Abbau von Blockaden, sich in die soziale Umwelt mit eigenen Impulsen einzubringen, werden *Aneignung*sspielräume erweitert (vgl. Böhnisch 2019, 101f.).

Ganz im Sinne des allgemeinen Selbstverständnisses der Sozialen Arbeit, in dem Person-Umwelt-Beziehungen in der Analyse von Problemkonstellationen und darauf aufbauende Varianten der Unterstützung im Mittelpunkt stehen, trägt der Ansatz der Lebensbewältigung zur Ausformulierung dieser eher pauschalen Kategorien bei. Die Ausrichtung auf die psychosoziale Handlungsfähigkeit von Subjekten unter Berücksichtigung ihrer Umweltbezüge impliziert im vorgestellten Zugang Beiträge zur unmittelbaren Entlastung durch Gesprächsangebote in ganz unterschiedlichen methodischen Settings. Daraus können befähigende Energien entstehen, die es belasteten Menschen erlauben, Herausforderungen zu bewältigen und soziale Lernprozesse zu durchlaufen. Besondere Beachtung finden dabei das Selbstwerterleben, der soziale Rückhalt, die soziale Orientierung und der Umgang mit gesellschaftlichen Normalitätserwartungen. Die Lebensbewältigungsperspektive sieht Adressat:innen in ihrem Ringen um subjektive Handlungsmöglichkeiten; sie bewahrt davor, Menschen nur mit Ressourcen und Kompetenzen zu sehen, wie es im aktivierenden Sozialstaat und in Teilen des Sozialarbeitsdiskurses den Anschein erweckt. Für die Unterstützung durch die Soziale Arbeit ist es geboten, Menschen in ihrer Vulnerabilität zu sehen, wie dies auch im sozialökologischen »Life Model« der Fall ist, das nun zu Wort kommt.

4.6 Sozialökologische Perspektive auf den Gegenstand der Sozialen Arbeit

Im sozialökologischen »Life Model« der Sozialen Arbeit, wie es Alex Gitterman und Carol B. Germain seit Jahrzehnten mit großer Resonanz in Nordamerika vertreten, stehen die Person-Umwelt-Wechselwirkungen im Mittelpunkt.

> **Umwelt und Person-Umwelt-Passungsverhältnis**
>
> Zur Umwelt zählen in der sozialökologischen Perspektive die physischen, biologischen, sozialen, kulturellen und ökonomischen Lebensbedingungen, auf die Personen mit ihren unterschiedlichen Fähigkeiten und Bedürfnissen treffen. Ein günstiges Person-Umwelt-Passungsverhältnis liegt vor, wenn Personen unter Würdigung ihrer Fähigkeiten und Aspirationen auf für sie responsive Umweltressourcen treffen, die ihre weitere Entwicklung unterstützen.

Die Soziale Arbeit steht angesichts dieses Gegenstandsverständnisses vor der Aufgabe, Personen mit ihren Möglichkeiten und Grenzen in Bezug auf Umweltanforderungen zu sehen und zu einem ausgewogenen Verhältnis beizutragen. Dies kann durch Veränderungen der Person, der

Umwelt oder beider Seiten erfolgen. Gelingt eine Abstimmung von Person und Umwelt nicht oder nicht ausreichend, können maladaptive Entwicklungen eintreten, die negative Auswirkungen auf die persönliche, gesundheitliche und soziale Situation entfalten (vgl. Gitterman 2017, 289).

Das sozialökologische Denken im »Life Model« wird auf den Lebensverlauf unter Beachtung bio-psycho-sozialer Zusammenhänge bezogen. Hierbei werden drei verschiedene Zeitvorstellungen unterschieden, die für das Verständnis von Subjekten bedeutsam sind.

Zeitvorstellungen

Der Lebensverlauf ist in einer *historischen Zeit* angesiedelt, die von spezifischen Kohortenerfahrungen wie Krieg oder Wirtschafts- und Gesundheitskrisen geprägt werden. Hinzu kommt die *soziale Zeit*, die für kollektive Erfahrungen in der Familie, in Gruppen oder dem weiteren sozialen Umfeld steht. Schließlich spielt die *individuelle Zeit* eine wichtige Rolle, die durch persönliche Erfahrungen im Lebensverlauf geprägt wird.

Zu einer fehlenden Balance von Person-Umwelt-Beziehungen kommt es vorzugsweise in stressbelasteten Übergangs- und Krisensituationen. Im Zentrum der theoretisch-systematischen Erörterung des Gegenstandes der sozialökologisch interpretierten Sozialen Arbeit stehen Entwicklungsüberlegungen, die das Person-Umwelt-Verhältnis berücksichtigen, und stresstheoretische Erwägungen, die hinsichtlich ihrer Einsichten für die Bewältigung von Herausforderungen bedeutsam sind (vgl. Gitterman & Germain 2008, 52f.).

Für die Vertiefung der dynamischen Beziehungen zwischen Person und Umwelt werden die ökologisch orientierten Einsichten des Entwicklungspsychologen Urie Bronfenbrenner herangezogen. Er geht von einem transaktionalen Verhältnis von Person und Umwelt aus, also einer wechselseitigen Durchdringung, die über eine reine Interaktion hinausgeht (vgl. Dippelhofer-Stiem 2015, 257). Dahinter steht die Annahme, dass sich Menschen als reflektierende Wesen mit ihrer Umwelt

4.6 Sozialökologische Perspektive auf den Gegenstand der Sozialen Arbeit

gestaltend oder aneignend auseinandersetzen und vor allem dann ihre Potenziale entfalten können, wenn sie auf eine Umwelt treffen, die ihren Bedürfnissen gerecht wird (vgl. Hurrelmann & Bauer 2015, 79). Die Umwelt setzt sich aus unterschiedlichen Systemen zusammen.

> **Mikro-, Meso-, Exo- und Makrosystem**
>
> Das *Mikrosystem* steht für die Interaktionen im familiären Umfeld. Das darüberhinausgehende *Mesosystem* dient der Beschreibung von Verbindungen zwischen unterschiedlichen Lebensbereichen, etwa zwischen den Eltern eines Kindes und seinen Freunden und Bekannten. Während im Mikro- und Mesosystem Einflüsse aus unmittelbaren Interaktionen folgen, resultieren diese im *Exosystem* ohne direkte Kontakte. Zu denken ist dabei an typische Freizeitgewohnheiten, die auf das Verhalten von Menschen ausstrahlen. Hinzu kommt das *Makrosystem*, womit die gesellschaftlichen und kulturellen Strukturen gemeint sind, die die einzelnen Systeme gewissermaßen umrahmen (vgl. Bronfenbrenner 1989, 16f.).

Die Systemdifferenzierung ermöglicht eine Präzisierung der Umwelteinflüsse, die für Fallanalysen und die Planung von Interventionen gleichermaßen bedeutsam sind. Bronfenbrenner betont in seiner Entwicklungstheorie zudem den hohen Stellenwert sozialpolitischer Institutionen für die kognitive, emotionale und soziale Entwicklung von Personen (vgl. ebd., 25). Für die sozialökologische Soziale Arbeit liefert diese Entwicklungstheorie grundlegende Einsichten über Person-Umwelt-Transaktionen, die weit über allgemeine Umweltbezüge hinausweisen.

Wie bereits erwähnt, erfolgt die menschliche Entwicklung in der Regel nicht durchgängig linear, es treten unterschiedliche Konflikte auf, die eine Abstimmung von Person und Umwelt erschweren und zu Stress führen. Entsprechend nimmt die Stresstheorie in diesem Ansatz einen breiten Raum ein.

> »Lazarus … stressor-stress-coping paradigm fits well with the ecological perspective of the life-modeled practice as it takes into account the characteristics of the person and the operations of the environment, as well as the exchanges between them« (Gitterman & Germain 2008, 60).

In stressbelasteten Situation, wie sie häufig mit Lebensübergängen oder Krisen verbunden sind, ringen die Betroffenen um ihre Handlungsmöglichkeiten, indem sie Belastungen möglichst verringern und dort, wo dies nicht gelingt, ein inneres Arrangement mit den Stressfaktoren suchen (vgl. Hurrelmann & Bauer 2015, 69). In der Rezeption des Stress-Bewältigungs-Paradigmas im sozialökologischen Ansatz der Sozialen Arbeit werden ausgewählte Akzente vertieft.

> **Stress**
>
> Stress ist danach das Ergebnis einer fehlenden Balance zwischen unterschiedlichen Umweltanforderungen und den Möglichkeiten eines Individuums, diese zu bewältigen. Reichen die vom Subjekt eingeschätzten inneren und/oder äußeren Ressourcen für die Bewältigung nicht aus, kommt es zu physiologischen und emotionalen Reaktionen und einer vulnerablen Situation. Das Erleben von Stress wird u. a. davon beeinflusst, ob belastende Ereignisse vorhersehbar oder unerwartet auftreten und wann es dazu im Lebenslauf kommt (vgl. Gitterman 2017, 284f.).

Die bewusste oder unbewusste primäre und sekundäre Bewertung belastender Ereignisse wird von ganz unterschiedlichen Faktoren beeinflusst. »The interplay of cultural, environmental, and personal factors as well as past experiences affect primary appraisal« (ebd., 292). Nach der ersten Bewertung setzt eine Sekundärbeurteilung ein, in deren Mittelpunkt die Frage steht, welche Handlungsmöglichkeiten bzw. persönlichen Ressourcen wie Flexibilität, Motivation, Glauben, Resilienz, Optimismus, Selbstachtung, Problemlösungsfähigkeit und welche Umweltressourcen wie informelle soziale Netze, soziale Infrastruktur und physische Umwelt für die Bewältigung zur Verfügung stehen. Gelingt die Bewältigung nicht, eskalieren Belastungen, kommt es vielfach zu einer Verlustspirale (vgl. ebd., 292f.).

Für die Unterstützung in schwierigen Lebenssituationen durch die Soziale Arbeit liefert der sozialökologische Zugang wichtige Bausteine. Dem transaktionalen Person-Umwelt-Verständnis folgend geht es um direkte oder personenbezogene Unterstützungsangebote wie Beratung oder individuelle Förderung und um sozialarbeiterische Einflussnahmen auf Organisationen, das Gemeinwesen und die politischen Rahmenbedingungen (vgl. Gitterman & Germain 2008, 137f.). Entscheidend ist, dass die unterschiedlichen Interventionen nicht nebeneinanderstehen, sondern konzertiert geplant werden, um die Balance von Personen mit ihren ganz unterschiedlichen Fähigkeiten und Bedürfnissen, die im Lebenslauf einem Wandel unterliegen, mit der zu gestaltenden Umwelt besser aufeinander abzustimmen. Jede einseitige Betrachtung oder Intervention verfehlt das fundamentale Ziel der Sozialen Arbeit, zur Entfaltung persönlicher, sozialer und gesundheitlicher Potenziale der Adressat:innen beizutragen.

Die Betrachtung von Personen in ihren Umwelt- und Systembezügen steht auch im Zentrum des systemisch-prozessualen Ansatzes, hier allerdings mit ausdrücklichen normativen Bezügen, die im sozialökologischen Zugang eher zu kurz kommen (▶ Kap. 4.7).

4.7 Systemisch-prozessuale Perspektive auf den Gegenstand der Sozialen Arbeit

Die insbesondere von Silvia Staub-Bernasconi vertretene Position basiert auf einer realwissenschaftlichen Grundlage. Die physikalische, biologische, psychische, soziale und kulturelle Wirklichkeit existiert danach unabhängig von der menschlichen Wahrnehmung. Der wissenschaftliche Realismus wendet sich gegen ein konstruktivistisches Verständnis der Realität (vgl. Staub-Bernasconi 2018b, 65). Das auf den Physiker und Erkenntnistheoretiker Mario Bunge zurückgehende Wirklichkeitsverständnis wird auch als »emergentistischer Materialismus« bezeichnet, dessen zentrales Merkmal darin besteht, dass Teile und das Ganze wechselseitig Einfluss aufeinander ausüben und damit ständigen Veränderungen unterliegen (vgl. Lambers 2020, 351). Diese Zusammenhänge gelten auch für soziale Probleme, die in diesem Ansatz für die Bestimmung des Gegenstandes der Sozialen Arbeit im Zentrum stehen.

Der wissenschaftstheoretische Hintergrund ist für das spezifische Verständnis sozialer Probleme ausschlaggebend, das Staub-Bernasconi in den Mittelpunkt der Gegenstandsbestimmung der Sozialen Arbeit rückt. Der Bezug auf den philosophischen Systemismus, mit dem Staub-Bernasconi eine deutliche Abgrenzung von der systemisch-konstruktivistischen Richtung vornimmt, wie sie vor allem Niklas Luhmann vertritt, impliziert folgende Annahmen.

> **Systemverständnis in der systemisch-prozessualen Perspektive**
>
> Die Welt besteht aus Einheiten oder Systemen, die sich durch unterschiedlich intensive Grade der Beziehung unterscheiden. Innerhalb der Systeme (interne Struktur) liegen zwischen den einzelnen Komponenten engere Beziehungen vor als zur Systemumwelt (externe Struktur). Systeme unterliegen Veränderungen, diese können durch das Zusammenspiel der einzelnen Komponenten zu neuen Eigenschaften (Emergenz) oder zum Verlust vorhandener Qualitäten (Submergenz) führen. Hinsichtlich der Konkretisierung sozialer Probleme wird postuliert, dass Individuen als bio-psycho-sozial-kulturelle Wesen für ihr Wohlbefinden und die Befriedigung ihrer bio-psycho-sozial-kulturellen Bedürfnisse auf für sie ausreichende Systemmitgliedschaften angewiesen sind (vgl. Staub-Bernasconi 2018a, 158f.).

Soziale Probleme, das lässt sich hier ableiten, resultieren aus Ausgrenzungen, die dazu führen, dass Bedürfnisse nicht mehr hinreichend befriedigt werden können. Die Aufgabe der Sozialen Arbeit besteht darin, Hintergründe der Systemausgrenzung aufzuhellen und dazu beizutragen, dass Menschen als vulnerable Wesen ausreichenden Zugang erhalten. In der systemistisch-prozessualen Analyse existieren soziale Probleme auch dann, wenn sie beispielsweise gesellschaftlich nicht wahrgenommen werden. Die Soziale Arbeit folgt insoweit nicht den mehr oder weniger zufälligen gesellschaftlichen Wertungen für die Legitimation eigener Interventionen, vielmehr nimmt sie eine eigenständige normative Bewertung vor, die ihr Handeln begründet. Die Soziale Arbeit beansprucht mithin einen eigenständigen, nicht-affirmativen Standpunkt in der Auseinandersetzung mit sozialen Problemen als ihrem zentralen Gegenstandsbereich.

Für die Beurteilung ausreichender Systemzugänge zur Befriedigung mehrdimensionaler Bedürfnisse wird in dem Ansatz auf Aspekte der Menschenrechte zurückgegriffen. Sozialarbeiterisch geht es darum, menschenverachtende, also gegen die Menschenrechte verstoßende Strukturen zu überwinden, die es Menschen unmöglich machen, ihre unterschiedlich elastischen Bedürfnisse zu befriedigen und ihre Potenziale zu entfalten (vgl. Staub-Bernasconi 2018b, 75). Soziale Probleme können erst dann überwunden werden, wenn Güter, Situationen, Gelegenheiten, die mit Systemzugängen korrelieren, zur Verfügung stehen und von den Individuen auch für die Befriedigung ihrer Bedürfnisse genutzt werden können (vgl. Engelke, Borrmann & Spatscheck 2018, 451f.). Entscheidend für die weiteren Überlegungen ist, dass die verweigerten oder verstellten Systemzugänge durch menschliches Handeln wie geschaffene soziale Strukturen oder Verteilungsregeln für Güter und Rechte verursacht und nicht auf Naturkatastrophen oder Ähnliches zurückzuführen sind.

Soziale Probleme werden im systemisch-prozessualen Ansatz kategorial differenziert. Die Auffächerung ermöglicht einen genaueren Blick auf soziale Probleme und damit auch gezielte Interventionen. Unterschieden werden individuelle Ausstattungsprobleme, Austauschbeziehungen unter dem Vorzeichen der Verletzung von Gegenseitigkeitsnormen in horizontal angelegten sozialen Interaktionen und Machtthemen aus individueller, gesellschaftsstruktureller und kultureller Sicht, wobei Wechselwirkungen zwischen diesen drei Bereichen herausgestellt werden. Im Einzelnen umfassen die sozialen Problemkategorien die folgenden Bereiche:

- **Individuelle Ausstattungsprobleme**
  Sie tangieren auf der physischen Ebene insbesondere Fragen der reinen Existenzsicherung, den Schutz vor Gewalt und die Anerkennung auch bei krankheitsbedingten Abweichungen. Hinsichtlich der sozioökonomischen Ausstattung geht es um die Güterversorgung im weiteren Sinn ebenso wie um Mitgliedschaften, Zugehörigkeiten, Bildung,

Erwerbsarbeit und soziale Anerkennung. Hinzu kommen zu berücksichtigende Bedürfnisse nach emotionaler Zuwendung, kognitiver und moralischer Stimulation und Angebote zur Entfaltung unterschiedlicher Handlungskompetenzen für eine autonome Lebensführung (vgl. Staub-Bernasconi 2018a, 213f.).

- **Austauschbeziehungen und Verletzung von Gegenseitigkeitsnormen**
Angesprochen sind Normverletzungen im Umgang mit sozial tendenziell gleichgestellten Interaktionspartner:innen wie in Intimbeziehungen, Freundschaften oder im Kolleg:innenkreis. Normverletzungen manifestieren sich im sexuell-erotischen Bereich, im Güteraustausch oder auf der Ebene von Kooperationsprozessen. Insbesondere Menschen mit Lücken in der Ausstattung sind anfällig für Benachteiligungen in Beziehungen, ihnen fehlen für einen reziproken horizontalen Austausch damit maßgebliche Tauschmedien (vgl. ebd., 214f.).

- **Machtproblematik aus individueller, gesellschaftsstruktureller und kultureller Perspektive**
Die Befriedigung menschenrechtlich relevanter Bedürfnisse ist vor allem dann schwierig, wenn Menschen benachteiligenden Machtprozessen ausgeliefert sind. Auf der individuellen Ebene spielen Ohnmacht und Hilflosigkeit in Abhängigkeitsbeziehungen eine entscheidende Rolle. Gesellschaftsstrukturell geht es um soziale Regeln, die Menschen wegen unterschiedlicher Merkmale wie Geschlecht, Herkunft oder Bildung systematisch benachteiligen. Kulturell geprägte Machtfragen hängen mit Grund- und Menschenrechten wie Freiheit, Demokratie, Solidarität oder Gerechtigkeit zusammen, deren Missachtung u. a. in der Gesetzgebung und den kulturellen Bewertungen dazu führt, dass Unrechtsordnungen legitimiert werden (vgl. ebd., 216f.).

Die drei Ebenen sozialer Probleme hängen wechselseitig zusammen. Wer über geringe Ausstattungen verfügt, ist wegen fehlender Tauschmedien eher anfällig für Ausbeutung in sozialen Interaktionen, auch weil in Verbindung damit Betroffene nur über eine schwache Machtposition verfügen. Menschen unterliegen in diesen Fällen sogenannten Behinderungsmächten, die mit dem willkürlichen Ausschluss aus Systemen und

4.7 Systemisch-prozessuale Perspektive auf den Gegenstand der Sozialen Arbeit

der Vorenthaltung von Mitbestimmungsmöglichkeiten einhergehen. Der Einsatz der Sozialen Arbeit für ihre Bedürfnisse und Interessen hingegen steht für eine Begrenzungsmacht, die Soziale Arbeit bringt ihren Status und ihre vielfältigen Netzwerke ein, um Behinderungsmächten im Unterstützungsprozess etwas entgegenzusetzen (vgl. Staub-Bernasconi 2018a, 218).

Aus der Bestimmung des Gegenstandes resultiert ein breit gefächerter Auftrag der Sozialen Arbeit. Ihre Beiträge zur Überwindung sozialer Probleme setzen je nach der auslösenden Konstellation auf das Subjekt bezogene sowie auf den Sozialraum und auf die Politik zielende Interventionen voraus. In ihren unterstützenden, auf menschengerechte Systemzugänge abhebenden Arbeitsformen, die dem Ausgleich eines Machtgefälles dienen, folgt die Soziale Arbeit einem dreifachen Mandat. Sie wird zum ersten von der Gesellschaft in Gestalt der Träger und der Gesetzgebung beauftragt, zum zweiten vom eigenen Professionsverständnis, in dem wissenschaftliche und ethische Dimensionen zum Ausdruck kommen, und drittens von den Adressat:innen, deren Interessen und Bedürfnisse von den gesellschaftlichen Vorgaben und professionellen Präferenzen durchaus abweichen können. In Konfliktfällen genießt das Mandat der Adressat:innen, in dem ihre Bedürfnisse und Versuche der Problemlösung zum Ausdruck kommen, Vorrang gegenüber den anderen beiden Mandaten, soweit es menschenrechtlich vertretbar ist (vgl. Staub-Bernasconi 2019, 90f.). Die analytische Auseinandersetzung mit dem Zusammenspiel von Person und Umwelt in der systemisch-prozessualen Annäherung weist einige Parallelen zur Rezeption des Capabilities Approach in der Sozialen Arbeit auf, die im folgenden Abschnitt unter Berücksichtigung der Auswirkungen auf die Lebensführung aufgegriffen werden.

4.8 Perspektive der daseinsmächtigen Lebensführung auf den Gegenstand der Sozialen Arbeit

In den handlungstheoretischen und normativen Überlegungen zur Lebensführung als Gegenstand der Sozialen Arbeit greift Dieter Röh auf den Capabilities Approach als zentrale Referenztheorie zurück. Soziale Probleme werden in diesem Ansatz nicht mehr als eigenständiger Gegenstandsbereich herangezogen, vielmehr wird gefragt, inwieweit soziale Probleme beeinträchtigende Auswirkungen auf die Lebensführung der Subjekte entfalten (vgl. Röh 2016, 218).

Der Capabilities Approach, den man mit »Befähigungsansatz« übersetzen kann, wird maßgeblich von Amartya Sen und Martha Nussbaum mit unterschiedlichen Akzentsetzungen vertreten. Ganz allgemein geht es um die Auseinandersetzung mit menschlichen Handlungsfreiheiten und in der Umwelt angelegten Spielräumen für ein subjektiv befriedigendes Leben. Als Gerechtigkeitstheorie steht der Capabilities Approach für hinreichende Wahlmöglichkeiten und Verwirklichungschancen, auf die Menschen angewiesen sind, um ein rational begründetes gutes Leben führen zu können (vgl. Lambers 2020, 353f.). Besonders im Capabilities Approach, wie Martha Nussbaum ihn als philosophische und politische Theorie entwickelt, sieht Röh weiterführende Anschlussstellen für die Soziale Arbeit, insbesondere durch die verknüpfende Berücksichtigung sozialer Strukturen und subjektiver Handlungsmöglichkeiten. Diese beiden Ebenen kommen in der Unterscheidung von Capabilities und Functionings treffend zum Ausdruck.

Unterscheidung von Capabilities und Functionings

Capabilities stehen für Mittel und Bedingungen, auf die Menschen zurückgreifen können, um Funktionsweisen im Sinne realisierter Fähigkeiten zu Handlungen, Beziehungen etc. zu entfalten. Für die Nutzung und Umsetzung von Capabilities in *Functionings* sind Sub-

4.8 Perspektive der daseinsmächtigen Lebensführung

jekte auf personale, soziale und umweltbezogene Bedingungen gleichermaßen angewiesen.

Röh regt an, immer dann, wenn es sich um äußere Bedingungen wie Infrastruktur oder Institutionen handelt, eher von Capacities zu sprechen und den Begriff Capabilities für individuelle Fähigkeiten der Transformation von Ressourcen in Functionings zu reservieren (vgl. Röh 2013, 94f.).

Die Wahl der Lebensführung als Gegenstand der Sozialen Arbeit erfordert es, Kriterien zu finden, die es erlauben, einen professionellen Unterstützungsbedarf zu begründen. Menschen sind nach den Vorstellungen des Capabilities Approach grundsätzlich vulnerabel und auf Unterstützung angewiesen (vgl. Ziegler 2018, 360). Für den Ansatz der daseinsmächtigen Lebensführung sind die von Nussbaum vorgeschlagenen Capabilities im Sinne von Möglichkeiten als elementare Grundlagen für ein gutes Leben weiterführend. Nussbaum vertritt die Auffassung, dass erst die Verfügung und die konkreten Nutzungsmöglichkeiten dieser Grundlagen ein menschenwürdiges Leben sichern (vgl. Nussbaum 2016, 70). Im Einzelnen enthält die Liste der Capabilities zehn Punkte, die im Wesentlichen die folgenden Aspekte umfassen:

- Ausreichende Bedingungen dafür, das eigene Leben in normaler Länge zu führen und nicht wegen ungünstiger Lebensumstände vorzeitig sterben zu müssen.
- Ausreichende Bedingungen dafür, das Leben bei guter Gesundheit zu führen, u. a. geht es hierbei um ausreichende Nahrung oder Wohnung.
- Ausreichende Bedingungen dafür, die eigene Integrität zu wahren durch Schutz vor Gewalt und ein erfülltes Leben zu führen.
- Ausreichende Bedingungen dafür, die eigenen Sinne und kognitiven Fähigkeiten zu entfalten und Freiheiten des Denkens, der religiösen Orientierung oder eigenständiger Erfahrungen nutzen zu können.
- Ausreichende Bedingungen dafür, emotional erfüllte Beziehungen zu Menschen und Gegenständen bzw. der Umwelt zu leben.

- Ausreichende Bedingungen dafür, das eigene Leben geplant zu führen und kritisch zu reflektieren, Überzeugungen und Positionen aufzubauen.
- Ausreichende Bedingungen dafür, soziale Interaktionen zu gestalten, Zugehörigkeit zu erfahren, mit anderen sorgend und empathisch umzugehen, nicht erniedrigt oder diskriminiert zu werden.
- Ausreichende Bedingungen dafür, achtsam im Umgang mit der Natur, mit Tieren, mit dem Planeten zu leben.
- Ausreichende Bedingungen dafür, Vergnügen zu empfinden, Genuss am Spiel zu erleben und sich zu regenerieren.
- Ausreichende Bedingungen dafür, sich an gesellschaftlichen und politischen Entscheidungen etwa durch freie Rede zu beteiligen sowie Rechte auf Güter oder Arbeit (vgl. Nussbaum 2016, 76f.).

Unter Würdigung unterschiedlicher Ausgangsbedingungen braucht ein gesunder Mensch in bestimmten Bereichen weniger als ein Mensch mit Beeinträchtigungen, um Capabilities in Functionings umzuwandeln, daher variieren die in der Liste verankerten Bedarfe für ein gutes Leben. Nussbaum versteht die Liste als unabgeschlossen, sie soll zur Weiterentwicklung einladen und ist in Bezug auf konkrete Lebensumstände zu konkretisieren. Für sie ist überdies entscheidend, dass die Komponenten der Liste keinen Zwang für Menschen darstellen, etwa um jeden Preis gesund zu leben, sondern nur die Chance dazu bieten (vgl. Nussbaum 2016, 78f.).

Die grundlegenden Voraussetzungen für ein gutes Leben, wie Nussbaum sie vorschlägt, stehen im Hintergrund der sozialarbeiterischen Lebensführungserwägungen im vorliegenden Ansatz. Danach hängt eine selbstständige Lebensführung von subjektiven Handlungsmöglichkeiten und gesellschaftlichen Strukturen ab, genauer von ausreichenden ökonomischen und ökologischen Mitteln, von der Fähigkeit, Entwicklungs- und Bewältigungsaufgaben kooperativ lösen und unterschiedliche soziale Rollen einnehmen zu können. Kommt es zu Problemen der autonomen Lebensführung, sind diese Ebenen auch Ansatzpunkte für auf Subjekte und ihre Lebensbedingungen bezogene sozialarbeiterische Unterstützungsangebote (vgl. Röh 2013, 160f.). In der auf eine daseinsmächtige Lebensführung ausgerichteten Praxis der Sozialen Arbeit wird ein auf

Zwang basierender Paternalismus, der Menschen nötigt, ein gutes Leben im Sinne zufällig agierender Fachkräfte zu führen, strikt abgelehnt. Sind Adressat:innen aber temporär oder dauerhaft nicht in der Lage, eigenständige Entscheidungen zu treffen, wird aus Gründen der dann stellvertretenden Verantwortung für einen »weichen Paternalismus« (Röh 2016, 223) plädiert, der einem guten Leben verpflichtet ist. Die bifokalen Funktionen der Sozialen Arbeit bestehen darin, Menschen zu unterstützen, ihre subjektiven Handlungsmöglichkeiten zu stärken, um bestehende Chancen nutzen zu können und für befähigende Strukturen einzutreten (vgl. ebd., 228f.).

4.9 Konturen der Unterstützung in der Sozialen Arbeit

Ein sozialstaatlich anschlussfähiges Unterstützungsverständnis der Sozialen Arbeit, dies zeigt Kapitel 2, ergänzt standardisierte Sozialleistungen, wie sie überwiegend in monetärer Unterstützung zum Ausdruck kommen. In sozialökonomisch prekären Lebenslagen sind mehrdimensionale Zugänge erforderlich, um die sozialen Teilhabechancen zu verbessern und ein menschenwürdiges Leben zu gewährleisten. Die Formen der Unterstützung in der Sozialen Arbeit stehen vor der Herausforderung, den Infragestellungen, wie sie in Kapitel 3 zusammengetragen wurden, zu begegnen. Es kommt demnach sozialarbeiterisch darauf an, sich einer ökonomischen Verwertungslogik durch unterstützende Angebote zu verweigern und auf Unterstützung angewiesene Menschen so umfänglich wie möglich an diesem Prozess ohne Überforderungen zu beteiligen. Fraglos spielt dabei Empowerment eine zentrale Rolle, allerdings nicht in einer reduzierten Lesart, sondern mit seinen politischen Implikationen. Schließlich ist jede Abhängigkeit von der Sozialen Arbeit zu vermeiden, wie sie u. a. im Begriff der Kolonisierung zum Ausdruck kommt. Die theoretischen Impulse der Sozialen Arbeit stellen ein geeignetes Fundament für die Präzisierung des Unterstützungsverständnisses zur Verfügung. In einer Zusammenführung der unterschiedlichen theoretischen Positionen zeichnet sich das folgende Unterstützungsverständnis ab, auf dessen Grundlage im fünften Kapitel für eine sozialanwaltliche Soziale Arbeit plädiert wird (▶ Kap. 5).

Unterstützung nach der internationalen Definition Sozialer Arbeit

Anknüpfend an die internationale Definition der Sozialen Arbeit geht es in der Unterstützung im politischen Sinn um die Förderung des sozialen Wandels und im subjektbezogenen Sinn um eine menschenrechtlich fundierte Verbesserung des Wohlbefindens sowie der Fähigkeiten der Bewältigung von Lebensherausforderungen. Unterstützung in der Sozialen Arbeit mit ihrer Ausrichtung an Personen in ihren Umweltbezügen ist sowohl inhaltlich als auch normativ ausgerichtet. Sie ist nicht affirmativ gegenüber den Vorgaben, sondern nimmt sich das Recht, die Regeln des Zusammenlebens und des Umgangs mit Subjekten in der Gesellschaft kritisch zu analysieren. Dieser Ausgangspunkt steckt den breiten Rahmen ab, innerhalb dessen unterstützende Angebote erfolgen.

Unterstützung in emanzipatorischer Perspektive

Der kritische Hintergrund der Unterstützung wird in der emanzipatorisch ausgerichteten Sozialen Arbeit weiterführend ausbuchstabiert. Die Ermöglichung eines mündigen und emanzipierten Lebens erfordert ein kombiniertes Vorgehen, in dem strukturelle und personale Aspekte gleichermaßen berücksichtigt werden. Gefragt wird nach gesellschaftlichen Lebensbedingungen mit ihren die Emanzipation fördernden oder begrenzenden Formen. In der Analyse von Unterstützungsherausforderungen kann dies u. a. bedeuten, dass an den Lebensumständen angesetzt wird, beispielsweise durch ein Engagement für bezahlbare Wohnungen, gegen paternalistische Umgangsweisen in Diensten und Einrichtungen der Sozialen Arbeit, für die Akzeptanz unterschiedlicher Lebensformen jenseits von Stigmatisierung und Unterdrückung oder für mehr Teilhaberechte. Zugleich oder unabhängig davon impliziert die emanzipatorische Ausrichtung der Sozialen Arbeit, Menschen Bildungsangebote zu unterbreiten, die sie befähigen, ihr Leben nach ihren Vorstellungen zu führen und die es ihnen erlauben, gesellschaftliche Bedingungen in ihren Auswirkungen auf die eigene Lebensführung besser zu verstehen. Solche Bildungsmöglichkeiten tragen dazu bei, negative Selbstattribuierungen und Selbststigmatisierungen zu überwinden. Unterstützung in der Sozialen Arbeit besteht nicht (ausschließlich) darin, Adressat:innen zu befähigen, sich mit ihren Lebensumständen zu arrangieren, sondern diese begründet infrage zu stellen und sich gemeinsam mit anderen, ob Betroffenen und/oder Professionellen, auf den Weg von Veränderungen zu begeben. Wer in der Sozialen Arbeit Unterstützung unter diesen Vorzeichen leistet, muss sich auf Konflikte einstellen, die unumgänglich sind, wenn es darauf ankommt, gemeinsam mit Adressat:innen ihre Interessen gegen Armut und Ausgrenzung ganz konkret zu vertreten.

Unterstützung in subjekt- und ortstheoretischer Perspektive

Die Befähigung und Mobilisierung von Adressat:innen für Veränderungsprozesse ist ein zuweilen langwieriger Prozess, der immer wieder nur teilweise gelingt. Die subjekt- und ortstheoretische Perspektive in der Sozialen Arbeit trägt mit ihren Impulsen zu einem tieferen Verständnis von Unterstützung bei. Teilweise reichen die programmatischen und politischen Umgangsweisen mit Adressat:innen nicht (mehr) aus, um sie zu motivieren, ihr Leben wieder selbstständig in die Hand zu nehmen. Die Modi der Differenz, die darauf hinweisen, dass Menschen ihre Potenziale in der Vergangenheit nicht entfalten konnten, bieten dafür ein Erklärungsangebot. Vor diesem Hintergrund kann es in der Planung von Unterstützung geboten sein, Orte zu konzipieren oder zu inszenieren, die es Subjekten erlauben, sich aneignend mit ihnen auseinanderzusetzen und ihre persönliche Entwicklung voranzutreiben. Solche Orte sollen Sicherheit bieten, Impulse für die Weiterentwicklung bereitstellen, Erholung ermöglichen etc. Unterstützung in der Sozialen Arbeit ist auch Arbeit an konkreten Milieus und Lebensräumen, die inspirierend wirken und zur Entfaltung der je individuellen Bildsamkeit beitragen. Während in der internationalen Definition der Sozialen Arbeit noch vom Wandel der Gesellschaft die Rede ist – auch in der emanzipatorischen Sozialen Arbeit wird auf Strukturen zurückgegriffen, die eher makrosozial zu verstehen sind – lädt die Subjekt- und Ortstheorie eher zu einer kleinteiligen Sichtweise ein. So geht es beispielsweise um die Gestaltung eines Wohnheims oder einer sozialpsychiatrischen Einrichtung als Orte des gemeinsamen Lernens unter Beachtung der je individuellen Fähigkeiten und Bedürfnisse. Deutlich wird in diesem Zugang die Würdigung pädagogischer Anteile im Verständnis von Unterstützung, diese kommen auch in der emanzipatorischen Variante über die kritische Bildung zum Ausdruck.

Unterstützung in lebensweltorientierter Perspektive

Während in der Subjekt- und Ortstheorie mit Blick auf Unterstützung darauf verwiesen wird, Orte so zu gestalten, dass Subjekte ihre Aneignungsmöglichkeiten zur Entfaltung ihrer Potenziale nutzen können, geht die Lebensweltorientierung einen anderen Weg. Sie richtet sich an Menschen in ihren alltäglichen Lebensbezügen und fragt, inwieweit dort etablierte Routinen Entwicklungsmöglichkeiten begrenzen, mithin die Arbeit an einem gelingenderen Alltag blockieren. Damit wird die emanzipatorische und die subjekt- und ortstheoretische Perspektive um einen weiteren Akzent ergänzt, auf den je nach Ausgangsbedingungen in der partizipativen Planung unterstützender Angebote zurückgegriffen werden sollte. Menschen mit ihren Eigenleistungen im Alltag zu würdigen, darin auch verborgene Wünsche, Bedürfnisse und Fähigkeiten zu entdecken und diese für Veränderungen im Alltag zu nutzen, bedeutet für die Unterstützung in der Sozialen Arbeit, dass sie auf Deutungen der Adressat:innen in einer hermeneutischen-rekonstruierenden Haltung zurückgreift. Zugleich kommt es darauf an, darin angelegte Potenziale zu entdecken, an die im weiteren Prozess angeschlossen wird. Für das subjektive Wohlbefinden, auf das schon in der internationalen Definition der Sozialen Arbeit hingewiesen wird, ist dieses Vorgehen instruktiv. Durch die Würdigung der alltäglichen Leistungen und die gemeinsame Freilegung von Veränderungswünschen werden Fremdbestimmung und eine professionelle Belagerung im Alltag eher vermieden. Adressat:innen entdecken sich mit ihren Anliegen in den unterschiedlichen lebensweltlichen Varianten der Unterstützung eher wieder als in gesetzlich oder theoretisch vorformulierten Zielen und Strategien.

Unterstützung in der Perspektive der Lebensbewältigung

Soweit Adressat:innen in ihren Bemühungen um Lebens- und damit auch Alltagsbewältigung scheitern, ihre subjektive Handlungsfähigkeit auf der Strecke zu bleiben droht, ist das Unterstützungsspektrum der Sozialen Arbeit unter dem Aspekt der Lebensbewältigung zu erweitern. Fragen des Selbstwerterlebens, der sozialen Orientierung, des sozialen Rückhalts und der sozialen Normalität sind systematisch zu berücksichtigen. Wenn beispielsweise ein von Langzeitarbeitslosigkeit betroffener Mensch in seinem Selbstwerterleben gekränkt ist, immer mehr die soziale Orientierung im Alltag verliert, sich aus sozialen Bezügen zurückzieht und die Bemühung um Teilhabe und soziale Normalität aufgibt, steht die Soziale Arbeit mit ihrem Unterstützungsangebot vor besonderen Herausforderungen. Gemeinsam mit dem Betroffenen ist daran zu arbeiten, das Selbstwerterleben nicht nur aus einer Erwerbstätigkeit abzuleiten, sondern auch aus anderen vorhandenen Bezügen wie soziales Engagement und der Übernahme von Verantwortung. In Bezug auf soziale Normen und Erwartungen kann es darum gehen, vorhandene Wertvorstellungen mit realen und phantasierten gesellschaftlichen Erwartungen abzugleichen. Hinsichtlich des sozialen Rückzugs, der von dem bzw. der Betroffenen und auch von seinem bzw. ihrem Umfeld ausgehen kann, bieten sich unterschiedliche Varianten der Netzwerkarbeit im sozialarbeiterischen Unterstützungsprozess an, die auch auf das Ringen um soziale Normalität und Teilhabe ausstrahlen. Ein dergestalt anerkennender und die zentralen Bereiche der Lebensbewältigung umfassender Umgang mit Adressat:innen trägt dazu bei, ein Abdriften in funktionale Äquivalente mit nach innen und/oder nach außen gerichteten Abweichungen zu verhindern und damit eine Eskalation von Problemen der Lebensbewältigung vorzubeugen.

Unterstützung in sozialökologischer Perspektive

Der lebensbewältigungsorientierte Blick auf Unterstützung in der Sozialen Arbeit birgt das Risiko, Grenzen des Bewältigungshandelns vor allem den Subjekten anzulasten. Insofern bietet es sich an, sozialökologische Einsichten einzubeziehen, die Umweltfaktoren in der Analyse menschlichen Handelns ausdrücklich würdigen. Treffen Subjekte auf Umweltbedingungen (Habitat) einschließlich konkreter Lebensorte (Nischen), die mit ihren aktuellen Handlungsmöglichkeiten und mit den sozialen, biologischen oder kulturellen Bedürfnissen nicht harmonieren, entsteht daraus Stress, der ebenfalls zu abweichenden oder maladaptiven Verhaltensweisen führen kann. Für die Konzeption einer angemessenen Unterstützung stellt sich die Frage, inwieweit Umweltbedingungen zu verändern sind, das Verhaltensrepertoire der Adressat:innen erweitert werden soll oder Interventionen in Erwägung zu ziehen sind, die auf beiden Ebenen ansetzen. Erneut bezogen auf das Problem der Langzeitarbeitslosigkeit führt der sozialökologische Zugang zu der Frage, welche konkreten Erwerbsmöglichkeiten für Arbeitsuchende passend sind, ggf. geht es vorübergehend oder längerfristig um Varianten einer geförderten Beschäftigung, die den Weg in eine Berufsbiografie ebnen. Hierbei kann es auch geboten sein, auf der personalen Seite soziale Kompetenzen zu fördern, die für eine Erwerbstätigkeit ebenso gebraucht werden wie unmittelbare berufliche Fertigkeiten. Ausschnitte der bereits aufgegriffenen Ortsidee werden in diesem Beispiel auf die Gestaltung betrieblicher Abläufe verlängert, zugleich wird das Subjekt darin unterstützt, in der zumindest teilweise auf seine Bedürfnisse zugeschnittenen Umwelt so zurechtzukommen, dass seine Gesundheit nicht gefährdet wird und Fähigkeiten entfaltet werden können.

Unterstützung in systemisch-prozessualer Perspektive

In der sozialökologischen Perspektive werden Widerstände aufseiten der Umwelt und gegen die Offenheit für Veränderungen hinsichtlich der Würdigung unterschiedlicher Bedürfnisse der Adressat:innen der Sozialen Arbeit zuweilen zu wenig berücksichtigt. In der Sprache des systemisch-prozessualen Modells geht es dabei um Machtfragen, die in der Ausgestaltung von Unterstützung im Rahmen der Sozialen Arbeit regelmäßig eine Rolle spielen. Subjekte sind für die Befriedigung ihrer menschenrechtlich begründeten Bedürfnisse auf Zugänge zu ganz unterschiedlichen Systemen wie den Arbeits- oder Wohnungsmarkt oder gesundheitliche, soziale und bildungsbezogene Dienstleistungen angewiesen. Unfaire Zugangsregeln stehen für Behinderungsmächte, für deren Überwindung die Adressat:innen der Sozialen Arbeit auf Unterstützung in Form einer sogenannten Begrenzungsmacht angewiesen sind. Die Soziale Arbeit steht in diesem Modell nach ihrem Selbstverständnis an der Seite der Adressat:innen, die durch unterschiedliche Maßnahmen wie die Organisation des Zugangs zu Rechtsberatung, Skandalisierung von Stigmatisierung und Diskriminierung oder Aktivierung in der Gemeinwesenarbeit darin unterstützt werden, ihre Interessen zu vertreten. Unterstützung in der Sozialen Arbeit muss sich ihrer Mandate bewusst sein, die sie legitimieren.

Unterstützung in der Perspektive einer daseinsermächtigen Lebensführung

Aus den bisherigen Überlegungen zum Verständnis von Unterstützung in der Sozialen Arbeit könnte der Eindruck entstehen, dass Adressat:innen gewissermaßen nach dem mitgebrachten Bild der Fachkräfte geformt werden. Der Rückgriff auf den Capabilities Approach, wie er in der Sozialen Arbeit u. a. unter der Fragestellung einer daseinsmächtigen Lebensführung aufgenommen wird, trägt wesentlich dazu bei, einer paternalistischen Vorgehensweise zu entkommen. Im Befähigungsansatz werden Umweltbedingungen als Verwirklichungschancen und nicht als Verwirklichungsdruck oder Anpassungszwang verstanden. Menschen sollen danach auf Umweltbedingungen treffen, die es ihnen gestatten, entsprechend ihrer Ausgangslage und ihrer vorhandenen und potenziellen Fähigkeiten ein gutes Leben zu führen. Sie können sich aus ganz unterschiedlichen Gründen anders entscheiden, als sozialarbeiterisch präferiert, entscheidend ist zunächst, dass sie auf Gelegenheiten treffen, die ihnen Wahlmöglichkeiten eröffnen. Es kann subjektiv gute Gründe geben, ein Bildungs- oder Arbeitsangebot auszuschlagen, einen Lebensstil fortzusetzen, der der Gesundheit abträglich ist, oder Entscheidungen aufzuschieben und bei späterer Gelegenheit auf Angebote zurückzukommen. Beteiligung und Aushandlung, wie sie u. a. in der Lebensweltorientierung schon gefordert wird, muss den Adressat:innen Raum lassen für eigene Entscheidungen. Gefragt ist eine elastische Form der Unterstützung, die mehr als Angebot denn Vorgabe verstanden wird, von Extremsituationen wie akuter Selbst- oder Fremdgefährdung selbstverständlich abgesehen. Wer etwas anderes will als die Soziale Arbeit, ist nicht gleich auf dem falschen Weg. Je enger allerdings die gesetzlichen und institutionellen Vorgaben für die Soziale Arbeit konzipiert sind, desto geringer sind die Aushandlungsspielräume. Auch an dieser Stelle werden Konfliktlinien erkennbar, die mit einer sozialarbeitstheoretisch verstandenen Unterstützung unweigerlich einhergehen.

5 Sozialanwaltliche Dimensionen der Sozialen Arbeit

Die Realisierung des Rechts auf Unterstützung in der dargelegten Breite (▶ Kap. 4) erfordert seitens der Sozialen Arbeit eine auch sozialanwaltliche Vorgehensweise, die sozialstaatliche Spielräume (▶ Kap. 2) gegen ideologische und praktische Widerstände (▶ Kap. 3) verteidigt und gemeinsam mit den Adressat:innen zur Geltung bringt.

Kapitelüberblick

Eine sozialanwaltliche Haltung und Praxis in der Sozialen Arbeit basiert auf der Beauftragung durch die Adressat:innen, wobei hierbei stets auf deren freien Willen und ihr Recht auf Selbstbestimmung zu achten ist (▶ Kap. 5.2), so schwierig dies auch in der Umsetzung sein mag. Sozialanwaltliches Handeln birgt schließlich Risiken der Bevormundung und Entmündigung, kurz des Paternalismus (▶ Kap. 5.3). Die Konkretisierung des sozialanwaltlichen Selbstverständnisses auf der Fallebene (▶ Kap. 5.4) und der Ebene der Strukturen (▶ Kap. 5.5) und der Rahmenbedingungen wird im Folgenden nach den grundsätzlichen Erwägungen in einem systematischen Grundriss erörtert.

5.1 Grundverständnis von Sozialanwaltschaft

Der Einsatz für Adressat:innen durch persönliche Unterstützung und die Gestaltung ihrer Lebensbedingungen zeichnet die Soziale Arbeit seit ihren Anfängen aus. Dieses grundlegende Anliegen wurde über die unterschiedlichen Phasen der Sozialen Arbeit inhaltlich ganz verschieden gefüllt. Die Bandbreite reicht von Repression über Anpassungsdruck und Kontrolle bis zur Ausrichtung an Mündigkeit und Emanzipation in Verbindung mit der gemeinsamen Arbeit an erträglichen alltäglichen Lebensbedingungen. Sozialanwaltliches Handeln ist insofern kein neues Thema der Sozialen Arbeit. Umso überraschender ist es, dass in den einschlägigen Methodenlehrbüchern der Sozialen Arbeit sozialanwaltliches oder advokatorisches Handeln nicht explizit vorkommt. Insofern ist es notwendig, diese Dimension des professionellen Handelns als ergänzende Perspektive des methodischen Handelns systematisch einzuführen.

> **Anwaltschaft/Advocacy**
>
> Anwaltschaft oder Advocacy steht in der Sozialen Arbeit für die Befähigung der Adressat:innen, ihre Rechte selbstständig wahrzunehmen und nachrangig für die stellvertretende Interessenvertretung in Bezug auf die Verbesserung der unmittelbaren Lebensumstände und die sozial gerechte Gestaltung gesellschaftlicher Rahmenbedingungen (vgl. Urban-Stahl 2018, 473f.).

Eine anwaltliche Soziale Arbeit unterscheidet sich mit ihrer gesellschaftlichen Ausrichtung von dem naheliegenden Bild von Advokator:innen, die fallbezogen ein Mandat übernehmen und nur in diesem definierten Rahmen gegen Entgelt agieren.

> »Wer sein Handeln in der Sozialen Arbeit nicht politisch begreift und sich zu gesellschaftlichen Strukturen, Benachteiligungen etc. nicht verhält, läuft Gefahr, Menschen manipulativ oder repressiv zu sozialen Anpassungsleistungen zu bewegen. Soziale Arbeit würde so einseitig zu einem Instrument der Festigung und Reproduktion gesellschaftlicher (Macht-)Strukturen und Ungerechtigkeiten und damit ihre Legitimation in einer demokratischen, dem An-

spruch der sozialen Gerechtigkeit verpflichteten Gesellschaft verlieren« (ebd., 482).

Die vielfältigen Belastungen im Zusammenhang mit Armut und sozialer Benachteiligung (▶ Kap. 2) fordern die Soziale Arbeit sowohl auf der Fallebene als auch auf der Ebene der (Mit-)Gestaltung der Lebensbedingungen; von daher ist der Rückgriff auf Anwaltschaft in seiner doppelten Ausrichtung nur folgerichtig, zumal damit dem Anspruch Rechnung getragen wird, Personen immer in ihren gesellschaftlichen Umständen zu sehen.

In der anglo-amerikanischen Sozialen Arbeit ist Advocacy längst im Unterschied zum deutschsprachigen Diskurs ein integraler Bestandteil der Fachliteratur und der Praxis.

> **Case und Cause Advocacy**
>
> Unterschieden wird Case Advocacy mit den Schwerpunkten der Realisierung unterschiedlicher Rechtsansprüche, dem Schutz vulnerabler Gruppen und der Förderung ihrer eigenen Fähigkeiten der Wahrnehmung von Rechten von Cause Advocacy, das im Geist des internationalen Verständnisses Sozialer Arbeit (▶ Kap. 4.1) dem Einsatz für den sozialen Wandel dient.

Unabhängig von der Variante des Advocacy geht es um den Ausgleich eines Machtgefälles. Soziale Arbeit vertritt die Belange ihrer Zielgruppen gegenüber mächtigen Individuen, Organisationen und Institutionen in vielen ihrer Arbeitsfelder (vgl. Payne 2014, 294f.). Advocacy wird in Zeiten der Infragestellung des Rechts auf Unterstützung (▶ Kap. 3) und einer tendenziell defensiven Organisation von Sozialleistungen immer dringlicher im Alltag der Sozialen Arbeit. Die Vertretung der Adressat:innen gegenüber Dritten ist in einem advokatorischen Zugang auf Zeit angelegt, im Vordergrund steht die Befähigung im Sinne des Empowerments, das häufig zusammen mit Advocacy genannt wird. Das programmatische Verständnis einer anwaltlichen Ausrichtung der Sozialen Arbeit erfordert umfangreiche methodische Kompetenzen, die von Bildungsarbeit und Bewusstseinsbildung über Verhandlungsfähigkeiten,

Überzeugungsarbeit, mündliche und schriftliche Präsentation von Informationen bis zur Nutzung unterschiedlicher Medien und dem Abfassen von Berichten und Gutachten reichen (vgl. Teater 2020, 62). Auch in den methodischen Anforderungen kommt die Bandbreite der Sozialen Arbeit zur Geltung, sodass man die advokatorische Soziale Arbeit als Querschnittskompetenz bezeichnen kann, die mit anderen Zugängen und Methoden je nach Fallkonstellation kombiniert werden kann.

Mit dem sozialanwaltlichen Selbstverständnis der Sozialen Arbeit tritt ein von den Nutzer:innen oder – modern formuliert – Adressat:innen ausgehendes Mandat in den Vordergrund, das dazu auffordert, eine parteiliche Unterstützung bei der Durchsetzung sozialer Rechte zu leisten (vgl. Maaser 2017, 191). Sozialanwaltliches Handeln in der Sozialen Arbeit ist indiziert, wenn Individuen, Organisationen, Behörden oder Institutionen nicht angemessen auf die berechtigten Anliegen der Adressat:innen reagieren und wenn es zu Ausgrenzung, Diskriminierung und einer systematischen Vorenthaltung von Leistungen kommt. Unabhängig davon, ob das sozialanwaltliche Handeln auf der unmittelbaren Fallebene oder auf der politischen Ebene umgesetzt wird, treten vor dem Hintergrund möglicher Fremdbestimmung Dilemmata auf, die nur abgebaut werden können, wenn sämtliche Handlungen vorrangig auf die Stärkung der Selbsthilfekräfte zielen (vgl. Rieger 2021, 70f.). Bevor die umrissenen programmatischen Inhalte der Sozialanwaltschaft auf der Fall- und der Strukturebene systematisch entfaltet werden, geht es um die Bearbeitung der unvermeidlichen Dilemmata im Zusammenhang mit Freiwilligkeit, Fremdbestimmung und Paternalismus, die insbesondere bei stellvertretenden Handlungen durch Fachkräfte der Sozialen Arbeit im Raum stehen.

5.2 Handeln im Auftrag der Adressat:innen

Die Wahrnehmung der Interessen anderer Menschen ist ethisch kein Problem, wenn Advokat:innen, im vorliegenden Fall Sozialarbeiter:innen, dazu von Adressat:innen beauftragt bzw. bevollmächtigt werden. Herausfordernd wird es aus der Sicht der advokatorischen Ethik dann, wenn eine vormundschaftliche Interessenvertretung erfolgt.

»Eine advokatorische Ethik ist ein System von Behauptungen und Aufforderungen in Bezug auf die Interessen von Menschen, die nicht dazu in der Lage sind, diesen selbst nachzugehen, sowie jenen Handlungen, zu denen uns diese Unfähigkeit anderer verpflichtet« (Brumlik 2004, 161).

In dieser Lesart der advokatorischen Ethik ist die stellvertretende Interessenwahrnehmung ohne ausdrückliche Zustimmung daran gebunden, dass Menschen die Fähigkeit abgesprochen wird, ihre berechtigten Anliegen selbst wahrzunehmen. Sobald Menschen dazu in der Lage sind, sobald sie mündig sind oder ihre Mündigkeit durch unterstützende Angebote wiedererlangt haben, entfällt im Sinne der advokatorischen Ethik die Legitimation für stellvertretende Entscheidungen und Handlungen. Grundlegend für ein der advokatorischen Ethik gemäßes Handeln ist es, die Integrität der Menschen in einem taktvollen Vorgehen zu achten (vgl. ebd., 161f.). Die dichotome Betrachtung von mündig und unmündig ist für die Entwicklung einer sozialanwaltlichen Haltung mit Blick auf das Recht auf Unterstützung in armutsgeprägten Lebenslagen nur begrenzt weiterführend. Die Achtung der Integrität der Adressat:innen, deren Interessen stellvertretend wahrgenommen werden, ist allemal bedeutsam. Interessant ist es, der Frage nachzugehen, wie bewusst ein Auftrag erteilt wird. Die Wahrnehmung der eigenen Situation und daraus hervorgehende Handlungsweisen können durch vielfältige Faktoren beeinträchtigt sein, die nicht gleich zu dem großen Thema Mündigkeit versus Unmündigkeit führen. Für die Soziale Arbeit sind Abstufungen hilfreich, auf die noch eingegangen wird.

Für die Belange der Adressat:innen einzutreten wird auch von der Empowermentidee jenseits neoliberaler Vereinnahmung beeinflusst. Zu Erinnerung: Das zentrale fachliche Credo liegt im Empowerment darin, Menschen zu einer eigenverantwortlichen Lebensführung zu befähigen und ihnen ein Bewusstsein ihrer eigenen Möglichkeiten und ihrer eigenen Macht unter Beachtung ihres Rechts auf Selbstbestimmung in einem solidarischen Umgang zu vermitteln, in dem bewusst auf eine hegemoniale Expert:innenrolle und die Zuschreibung von Hilfebedürftigkeit verzichtet wird (vgl. Herriger 2020, 20).

Im Unterschied zur advokatorischen Ethik wird im Empowerment gar nicht erst der Versuch unternommen, Menschen Defizite im Sinne entmündigender Expert:innenurteile zuzuschreiben, die es erlauben, ihre mutmaßlichen Interessen zu ihrem Wohl zu vertreten. Vielmehr dominieren folgende Aspekte das Bild der Adressat:innen:

- Fachkräfte setzen auf die Fähigkeiten des Menschen, sein Leben selbst zu gestalten, dabei werden auch unkonventionelle und eigensinnige Lebensentwürfe ohne eine Attitude der Überlegenheit respektiert.
- Adressat:innen werden eigene Wege und Umwege sowie eigene Zeiten, die sie für ihre Entwicklung benötigen, zugestanden.
- Im Mittelpunkt steht die Ausrichtung an der Zukunft und nicht die Rückschau auf Zeiten des Scheiterns und der Problemgenese.
- Adressat:innen werden als Träger:innen von Rechten einschließlich der Menschen- und Grundrechte verstanden, die in der Zusammenarbeit mit ihnen ohne Abstriche zu beachten sind (vgl. ebd., 77f.).

Eine sozialanwaltliche Haltung in der Sozialen Arbeit, die mit der Bereitschaft verbunden ist, stellvertretende Handlungen vorzunehmen, muss sich gegenüber einer Empowerment-Orientierung begründet rechtfertigen. Der vollständige Verzicht auf Handeln für andere Menschen ist in der Praxis der Sozialen Arbeit nicht vorstellbar. Das gilt nicht nur für den Fall von Unmündigkeit, sondern auch aufgrund von Wissenslücken, mangelnden bürokratischen Fähigkeiten oder anderen fehlenden Ressourcen, auf die Adressat:innen in ihrem Alltag nicht zurückgreifen können. Dass damit Gefahren der Bevormundung und Fremdbestimmung verbunden sind, ist unstreitig, deshalb wird hier auch die Reflexion einer advokatorischen Haltung vorgenommen. Während es in der Diskussion der advokatorischen Ethik ergänzend darum geht, Grade der Selbstständigkeit abzustufen, geht es in der Auseinandersetzung mit dem Empowerment darum, einen Hilfe- und Unterstützungsbedarf zu rechtfertigen, der nicht in Bausch und Bogen ausgeblendet werden kann. Zudem ist der Frage nachzugehen, ob Adressat:innen, die selbstständig handeln können, auch ein Recht darauf haben, Zuständigkeiten vorübergehend abzugeben, um wieder Kraft tanken zu können. Eine temporäre Entlastung trägt vielleicht viel mehr zur Eigenständigkeit bei als eine unmittelbare Überforderung, die zum Abbruch eines Unterstützungsprozesses führt oder das Gefühl der Hilflosigkeit weiter festigt. An dieser Stelle ist es notwendig, sich mit den Entscheidungen von Adressat:innen hinsichtlich ihrer Freiwilligkeit auseinanderzusetzen.

Angesichts der in Kapitel 2 aufgezeigten Risiken für die autonome Lebensführung wie soziale Erschöpfung, Resignation oder Rückzug stellt sich die Frage, ob von durchgängig freien Entscheidungen und eindeutigen Mandaten für die Soziale Arbeit ausgegangen werden kann. Zur Klärung trägt zunächst bei, grundlegende Überlegungen zur Freiheit und Selbstbestimmung heranzuziehen und diese dann sozialarbeiterisch zu vertiefen.

Freiheit und Autonomie

Freiheit und Autonomie liegen vor, wenn es Menschen gelingt, ihr Leben vernunftgeleitet zu gestalten. Werden sie durch physische, psychische oder soziale Faktoren ganz oder teilweise determiniert, liegt eine Einschränkung der autonomen Lebensführung vor (vgl. Schweppenhäuser 2021, 111). Auf Entscheidungen strahlen immer physische, psychische und soziale Faktoren aus, es kann also nicht darum gehen, in völliger Unabhängigkeit zu leben. Vielmehr kommt es darauf an, mit diesen Einflüssen reflektiert umzugehen und ihnen nicht willenlos ausgeliefert zu sein.

Sozialarbeiter:innen stehen vor der Aufgabe, Aufträge der Adressat:innen daraufhin zu bewerten, ob in ihnen ein gewissermaßen authentischer Wille zum Ausdruck kommt oder eher fremdbestimmte Inhalte, die es zu desavouieren gilt, um Selbstbestimmung zu fördern und nicht in die Falle einer Fortsetzung der Fremdbestimmung zu tappen. In der Beurteilung des tatsächlichen Willens sind äußere und innere Zwänge zu unterscheiden.

> **Äußerer und innerer Zwang**
>
> Äußere Zwänge wie Gewalt oder die Macht der Verhältnisse stehen der Befriedigung eigener Bedürfnisse ebenso im Weg wie innere Zwänge, beispielsweise eine Abhängigkeitserkrankung, heftige Affekte oder bestimmte Formen der Weltanschauung mit ihren ideologischen Implikationen (vgl. Schiller 2011, 196f.).

Für die Soziale Arbeit sind weniger psychologische oder psychiatrische Sichtweisen für die Beurteilung von Freiheitseinschränkungen als soziale Aspekte bedeutsam. Insofern kommt ihr die Beurteilung von Freiheit als sozialer Begriff entgegen, wonach Freiheit durch äußere Bedingungen wie Armut oder soziale Ausgrenzung und durch davon beeinflusste innere Strukturen gleichermaßen an Grenzen stößt (vgl. ebd., 221). Armut kann beispielsweise zum Gefühl des persönlichen Scheiterns und zu Schuldvorwürfen gegen sich selbst führen, vielleicht auch zu der Selbsteinschätzung, es nicht mehr schaffen zu können, diese Lebenslage zu überwinden. In dieser Selbsteinschätzung kommt eine gesellschaftliche Sichtweise zur Geltung, wonach jede:r seines bzw. ihres Glückes Schmied sei, sie oder er es nicht geschafft hat oder noch schaffen kann, weil – vermeintlich – die erforderlichen Kräfte und Kompetenzen fehlen. Wenn daraus der Auftrag an die Soziale Arbeit ergeht, nur noch Unterstützung zu leisten, die dazu beiträgt, in Armut irgendwie über die Runden zu kommen, wäre eine kritische Reflexion dieses Mandats mit der betroffenen Person angezeigt. In diesen Fällen wird die Autonomie durch »adaptierte Präferenzen« beeinträchtigt, die bei Menschen in benachteiligten Lebenslagen häufiger zu beobachten sind. Sie tendieren dazu, Präferenzen zu entwickeln und zu formulieren, die an ihren Lebensumständen nichts ändern. Ungerechte Strukturen werden auf diesem Weg reproduziert (vgl. Rösler 2019, 340f.).

Für die Beurteilung der Frage, inwieweit in Aufträgen der Adressat:innen ihr tatsächliches Anliegen zum Ausdruck kommt, sind die in Kapitel 4 dargelegten unterschiedlichen theoretischen Perspektiven der Sozialen Arbeit anregend:

- Ausgehend von der internationalen Definition der Sozialen Arbeit besteht ein zentrales Ziel darin, die Autonomie und Mündigkeit der Adressat:innen zu fördern, die nicht umstandslos vorausgesetzt werden können (▶ Kap. 4.1).
- In der emanzipatorischen Sichtweise (▶ Kap. 4.2) wird herausgestellt, dass Mündigkeit nicht-entfremdende gesellschaftliche Verhältnisse voraussetzt, die erst erreicht werden müssen. In Einstellungen, Äußerungen und Handlungsweisen kommen vor diesem Hintergrund vielfach gesellschaftliche Prägungen zum Ausdruck und nicht eigenständig entwickelte Ziele der Adressat:innen.
- Anknüpfend an die subjekt- und ortstheoretische Variante der Sozialen Arbeit (▶ Kap. 4.3) sind Aneignungsbarrieren im Entwicklungsprozess zu beachten, die für einen relativen oder absoluten Modus der Differenz verantwortlich sind und der Entfaltung von Potenzialen im Weg stehen.
- Auf ein Arrangement mit den Lebensbedingungen und eine Vernachlässigung darin angelegter Möglichkeiten verweist die Lebensweltorientierte Soziale Arbeit mit dem sperrigen Begriff der Pseudokonkretheit (▶ Kap. 4.4).
- Die Auswirkungen kritischer Lebensereignisse auf das Selbstwerterleben, die soziale Orientierung, den sozialen Rückhalt und das Streben nach Normalität sind Gegenstand der Lebensbewältigungsperspektive, in der auf Abweichungen in Gestalt funktionaler Äquivalente aufmerksam gemacht wird, die ebenfalls die Handlungsmöglichkeiten der Adressat:innen beeinträchtigen (▶ Kap. 4.5).
- Um das Person-Umwelt-Verhältnis und darin angelegte Passungsstörungen, verbunden mit Risiken für nach innen und/oder außen gerichtete maladaptive Verhaltensweisen, geht es in der sozialökologischen Annäherung an die Soziale Arbeit (▶ Kap. 4.6).
- Ein weiteres Einflussbündel auf Vorstellungen von Adressat:innen über ihre Ziele und Entwürfe wird im systemisch-prozessualen Ansatz der Sozialen Arbeit aus bio-psycho-sozialen Ausstattungsmängeln mit negativen Auswirkungen auf die Qualität von Austauschbeziehungen und die Verfügung über Macht abgeleitet (▶ Kap. 4.7).
- Das Person-Umwelt-Verhältnis steht auch im Mittelpunkt der Auseinandersetzung mit der daseinsmächtigen Lebensführung auf der

Grundlage des Capabilities Approach. Fehlen günstige Bedingungen, können Fähigkeiten und Handlungsmöglichkeiten für ein ›gutes Leben‹ nicht entfaltet werden (▶ Kap. 4.8).

Die Hinweise auf theoretische Perspektiven ermöglichen einen sozialarbeitsorientierten Blick auf Adressat:innen in Bezug auf ihre Willensäußerungen und ihre Ziele und Aufträge, die sie der Sozialen Arbeit erteilen. Die theoretischen Betrachtungen legen es nahe, sich kritisch mit den Aufträgen auseinanderzusetzen und nach dahinter liegenden Motiven und Anlässen Ausschau zu halten sowie Menschen darin zu unterstützen, ihre Überlegungen immer neu zu überprüfen.

Die Einschätzung der Freiheit der Adressat:innen erfordert weitere Differenzierungen zwischen der Willens-, der Entscheidungs- und der Handlungsfreiheit.

> **Willens- und Entscheidungsfreiheit**
>
> Willensfreiheit liegt vor, wenn ein Mensch einen Willen anstreben oder ablehnen kann, er also über einen Entscheidungsspielraum verfügt. Die Entscheidungsfreiheit als Etappe auf dem Weg zum Handeln setzt innere Handlungsspielräume voraus, die in die Abwägung möglicher Vorgehensweisen einfließen. Entscheidungen stehen für den Umgang mit dem Willen, dem man nicht ausgeliefert ist; man ist weder auf ein bestimmtes Thema fixiert noch muss man tun, was man nicht will, oder kann man nicht tun, was man will. Die Handlungsfreiheit repräsentiert äußere Spielräume der Umsetzung von Entscheidungen durch die Auswahl von Mitteln und Wegen, die zur Verfügung stehen oder erschlossen werden können.

Der Sozialen Arbeit fällt bezogen auf diese Systematik die Aufgabe zu, die Entscheidungs- und Handlungsspielräume der Adressat:innen zu erweitern (vgl. Lauermann 2018, 418). Soll auf diesem Weg die Autonomie gefördert werden, ist eine sozialanwaltliche Haltung naheliegend, die auf Beteiligung bzw. Partizipation setzt. Adressat:innen werden dazu schon eingeladen,

- wenn sie spüren, dass Sozialarbeiter:innen an ihren Sichtweisen aufrichtig interessiert sind,
- wenn sie feststellen, dass ihren Äußerungen Bedeutung beigemessen wird,
- wenn sie sich am Ende in den verabredeten Varianten der Unterstützung mit ihren Vorstellungen auch wiederfinden.

Eine autonome Lebensführung kann man nicht verordnen oder stellvertretend herbeiführen, wohl aber kann man durch stellvertretendes Handeln mit Zustimmung der Adressat:innen Räume schaffen, die ein Mehr an Autonomie möglich machen.

Bisher wurde eine sozialanwaltlich sensible Haltung gefordert, um die Autonomie derer zu fördern, die auf sozialarbeiterische Unterstützung angewiesen sind. Die Haltung allein reicht dafür allerdings nicht aus. In Freiheitsüberlegungen wird auch darauf aufmerksam gemacht, dass Rechte erforderlich sind, die Adressat:innen gegen Abhängigkeit und Willkür schützen, die ihnen Räume für selbstständige Entscheidungen garantieren und ihnen Rechte geben, aus denen Ansprüche resultieren, die vor Bittgängen bewahren (vgl. Bieri 2013, 37). Erst wenn Subjekte auf Freiheitsrechte treffen, können sie sich als unabhängige Personen wahrnehmen, finden sie die Grundlagen dafür, ihr Leben nach ihren Vorstellungen zu gestalten und eigene Ziele zu verfolgen. Mehr noch, Rechte eröffnen die Möglichkeit, sich aus Beziehungen zurückzuziehen, sie machen weniger abhängig und schützen vor staatlichen und nichtstaatlichen Übergriffen (vgl. Honneth 2011, 129f.). Die abstrakt angesprochenen Zusammenhänge werden u. a. deutlich, wenn man an das Recht auf ein soziokulturelles Minimum in der Grundsicherung denkt. Es handelt sich um einen subjektiv einklagbaren Rechtsanspruch, der es Menschen erlaubt, Abhängigkeitsbeziehungen auch dann zu verlassen, wenn keine eigene soziale Sicherung vorliegt. Die Grundsicherung bewahrt Menschen davor, jedwede Arbeit annehmen zu müssen, auch wenn der Druck zur Aufnahme einer Erwerbstätigkeit nicht von der Hand zu weisen ist. Werden Menschen in Jobcentern unfair behandelt, stehen ihnen diverse Möglichkeiten der Gegenwehr zur Verfügung, die von der Beschwerde über ein Widerspruchsverfahren bis zum Klageverfahren reichen. Eine sozialanwaltliche Haltung in der Sozialen

Arbeit beinhaltet die Bereitschaft zur analytischen Auseinandersetzung mit den gesetzlichen Rahmenbedingungen, denen Adressat:innen unterliegen. Hierbei geht es um die Frage, inwieweit darin Freiheitsrechte angelegt und an welchen Stellen Veränderungen erforderlich sind. In den Blick zu nehmen sind unter der Fragestellung der Ermöglichung von Freiheit und Autonomie sowohl liberale Freiheitsrechte als auch soziale Rechte, die erst die materiellen Voraussetzungen für die Wahrnehmung liberaler Rechte, etwa auf Eigentum oder Vertragsfreiheit, schaffen (vgl. ebd., 142).

Zu ergänzen ist an dieser Stelle, dass es um mehr als um materielle soziale Rechte geht, der Blick der Sozialen Arbeit ist auch auf persönlich unterstützende und befähigende Angebote zu richten, wie es das im vierten Kapitel theoretisch begründete Unterstützungsverständnis der Sozialen Arbeit nahelegt.

5.3 Sozialanwaltliches Handeln und das Risiko des Paternalismus

Im Auftrag der Adressat:innen zu agieren birgt das Risiko des Paternalismus, wie die Überlegungen zur Freiheit und Autonomie unterstreichen. Am Ende bleibt immer ungewiss, ob es gelungen ist, den Willen der Adressat:innen angemessen zu erfassen und das fachliche Handeln nur daran auszurichten. Unabhängig davon, welche der in Kapitel 4 erläuterten Perspektiven der Sozialen Arbeit in unterschiedlichen Fallkonstellationen zum Tragen kommt: Gemeinsam ist ihnen das Anliegen, Adressat:innen zu befähigen, ihr Leben (wieder) nach ihren Vorstellungen zu gestalten. Auf dem Weg dahin können durch unachtsames und willentlich bevormundendes Handeln Beeinträchtigungen verfestigt werden, die das Ziel der sozialarbeiterischen Unterstützung konterkarieren. Die Suche nach einer Lösung für dieses grundsätzliche Problem stellt ein Bindeglied zwischen der Beauftragung der Sozialen Arbeit durch Adressat:innen und der sozialanwaltlichen Praxis dar.

5.3 Sozialanwaltliches Handeln und das Risiko des Paternalismus

> **Paternalistisches Handeln**
>
> Im Sinne der advokatorischen Ethik handelt es sich nicht um Hilfe, wenn damit die Menschen in Bezug auf ihre Möglichkeiten und Potenziale enteignet werden (vgl. Brumlik 2004, 224). Gegen den Willen anderer zu ihrem Wohl zu agieren ist eine Form des Zwangs, der paternalistisches Handeln charakterisiert. Dieser ist nur dann gerechtfertigt, wenn Menschen nicht in der Lage sind, ihren Willen vernünftig zu begründen (vgl. ebd., 233f.).

Auf die Gratwanderung der Abgrenzung von mündig und unmündig oder vernünftig und unvernünftig wurde bereits hingewiesen. Ein Zwang, etwa zur Beratung, zur Therapie oder zur stationären Unterstützung, ist aus advokatorischer Sicht also nur dann zu legitimieren, wenn er dem Wohl der Betroffenen durch die Abwendung einer Gefahr dient und das Ziel auf andere Weise nicht erreicht werden kann. Wie schnell Entscheidungen von Adressat:innen in den Verdacht geraten können, nicht vernünftig zu sein, und auf dieser Grundlage dann Zwangsmaßnahmen eingeleitet werden, erzählt die Geschichte der Sozialen Arbeit, beispielsweise im Umgang mit Wohnungslosen. Auch wenn heute eine wohnungslose Person nicht mehr wie noch in den 1960er Jahren gegen ihren Willen ›untergebracht‹ werden kann, ist nicht davon auszugehen, dass die gut gemeinte Bevormundung erledigt ist. Sie erfolgt heute viel subtiler und bedarf weiterhin ständiger Beachtung, um vermeidbaren paternalistischen Strategien aus dem Weg zu gehen.

In jeder Form unterstützenden Handelns liegt aufgrund der asymmetrischen Struktur ein Machtgefälle, das seitens der Fachkräfte missbraucht werden kann, um eigene Ziele durchzusetzen. Insoweit ist die Begründung des Paternalismus mit der vorübergehenden oder dauerhaften Einschränkung der Autonomie hilfreich, um ihn ausschließlich für solche Situationen zu reservieren. Für die Handhabung des Problems in der Praxis der Sozialen Arbeit sind allerdings weitergehende Erwägungen erforderlich.

> **Starker und schwacher Paternalismus**
>
> Paternalistisches Handeln in der bisher beschriebenen Form, in der teilweise ohne Beauftragung und auch in Gefährdungssituationen gegen den Willen einer Person gehandelt wird, kann als *starker Paternalismus* bezeichnet werden. Davon ist ein ebenfalls ethisch begründungsbedürftiges *schwaches paternalistisches Vorgehen* abzugrenzen, in dem mit Anreizen und Überredung gearbeitet wird (vgl. Dallmann & Volz 2013, 66).

In der Unterstützung der Adressat:innen bei der Durchsetzung ihrer Rechte steht der hier als schwach bezeichnete Paternalismus im Mittelpunkt. Er ist weniger eklatant sichtbar, Fachkräfte bringen ihre Überzeugungen in die Fallarbeit ein, für die sie zuweilen intensiv werben, und Adressat:innen stimmen dann auch vielfach zu. Offen bleibt, ob die Zustimmung ihrem Willen entspricht oder die Konsequenz vermeintlich unausweichlicher Argumente ist. Die Art, wie für eine Lösung geworben wird, welche Alternativen vielleicht ungenannt bleiben, welche rhetorischen und kommunikativen Raffinessen eingesetzt werden, welcher Raum den Vorstellungen der Adressat:innen eingeräumt wird und vieles mehr, ist ausschlaggebend für die Beurteilung einer Vereinbarung.

Der zuletzt genannte Punkt verweist auf die Ausübung von Macht im Umgang mit Adressat:innen, die nicht zu ihrem Wohl, beispielsweise bei einer akuten Selbstgefährdung, eingesetzt wird, sondern die dem Ziel dient, eigene Vorstellungen in der Kommunikation unter Missachtung der Wünsche anderer durchzusetzen. Dieses vielfach zitierte Machtverständnis hat Max Weber in § 16 seines Werkes »Wirtschaft und Gesellschaft« entwickelt. Bei ihm heißt es: »Macht bedeutet jede Chance, innerhalb einer sozialen Beziehung den eigenen Willen auch gegen das Widerstreben durchzusetzen, gleichviel worauf diese Chance beruht« (Weber 1972, 28). Gerade Adressat:innen, die aufgrund ihrer Lebensumstände wie Armut oder Krankheit teilweise nur über geringe Widerstandsmöglichkeiten verfügen, sind gesteigert anfällig für den Machtmissbrauch durch Fachkräfte. Die Soziale Arbeit ist besonders ge-

5.3 Sozialanwaltliches Handeln und das Risiko des Paternalismus

fordert, einen sensiblen Umgang mit Macht zu praktizieren und nicht in die Falle der von Michel Foucault beschriebenen Pastoralmacht zu tappen, mit der in Anspielung auf die christliche Pastoralmission Menschen im Interesse ihres Heils Gehorsam oder Gefolgschaft abverlangt wird. Foucault zählt zu den Varianten der Pastoralmacht ausdrücklich auch die der Sozialen Arbeit nahestehende pädagogische Kunst der Regierung (vgl. Foucault 1992, 9f.). Die Versuchung, Macht in diesem Sinn anzuwenden, ist besonders groß, wenn Adressat:innen Formen der Lebensführung wählen, die von Fachkräften als problematisch und veränderungswürdig angesehen werden, eine einvernehmliche Verabredung aber nicht gelingt (vgl. Kessl 2018, 109f.). Gerade wenn es besonders darauf ankommt davon abzusehen, Adressat:innen in mitgebrachte Normalitätsvorstellungen zu pressen, wird verstärkt auf Machtmittel zurückgegriffen und ein nicht begründbarer Paternalismus praktiziert. Unter den machttheoretischen Positionen, die sozialarbeiterisch weiterführen, ist noch auf die verborgenen Mechanismen der Macht hinzuweisen, die Pierre Bourdieu beschreibt. Macht wird in diesem Modell damit gerechtfertigt, dass eine als kompetent angesehene Gruppe über andere Gruppen verfügt, die als nicht kompetent gelten. Die dahinterstehende Zuschreibung eigener Überlegenheit rechtfertigt es dann, Menschen die Fähigkeit abzusprechen, ihre eigenen Interessen zu verfolgen (vgl. Bourdieu 2015, 13f.). Wer so über andere denkt, muss sich mit ihren Sichtweisen nicht mehr ernsthaft auseinandersetzen, paternalistischen Umgangsweisen ist damit Tür und Tor geöffnet. Genau das Gegenteil erfordert ein machtsensibler Umgang mit Adressat:innen, auch wenn damit das Machtgefälle aufgrund der asymmetrischen Beziehungen nicht aus der Welt zu schaffen ist; ihre destruktiven Implikationen ließen sich gleichwohl reduzieren.

Wie immer man es dreht und wendet, die Soziale Arbeit wird dem Risiko des Paternalismus nicht entkommen, wenn sie aus guten Gründen an dem Anspruch festhält, ihre Zielgruppen in Problemlagen zu unterstützen. Daran ändert auch die dienstleistungstheoretische Idee der unumgänglichen Mitarbeit der Adressat:innen nichts, die u. a. mit Bedingungen und Auflagen für unterstützende Leistungen konfrontiert sind (vgl. Ziegler 2021, 241). Hierzu zählt beispielsweise die Auflage für Ratsuchende in der Schuldenberatung, während der Sanierung ohne

Zustimmung der Beratungsstelle keine weiteren Schulden zu machen; anderenfalls droht ggf. die vorzeitige Beendigung der Beratung. Die Frage des Paternalismus stellt sich, wenn Vorstellungen und Wünsche der Adressat:innen mit dem kollidieren, was Fachkräfte für opportun erachten. Schnell werden dann ihre Anliegen als unvernünftig deklariert, um das fachlich und/oder institutionell sowie sozialstaatlich für sinnvoll bzw. als notwendig erachtete Vorgehen durchzusetzen, und das Recht auf Selbstbestimmung wird infrage gestellt (vgl. ebd., 242f.). Eingriffe in die Freiheit und Autonomie – dafür steht der Paternalismus – gelten als konstitutives Dilemma der Sozialen Arbeit, das auch nicht dadurch erträglicher wird, dass vorgeblich im Sinne der Adressat:innen oder zu ihrem Wohlergehen und Schutz gehandelt wird (vgl. Lindenberg & Lutz 2021, 74f.). Dieser Hintergrund des Handelns in der Sozialen Arbeit fordert dazu auf, nach Wegen Ausschau zu halten, die dazu beitragen, paternalistische Elemente so weit wie möglich zu verringern und im besten Fall zu vermeiden.

Wenn Eingriffe der Sozialen Arbeit, in welchen Arbeitsfeldern auch immer, die autonome Lebensführung gegen den Wunsch oder den Willen der Adressat:innen beeinträchtigen, sind sie besonders begründungsbedürftig, wie schon mehrfach betont wurde. Um die Fremdbestimmung zu begrenzen, muss sich die Soziale Arbeit selbst Grenzen für ihr Handeln setzen. Sie hat aus der Sicht einer Interventionsethik den Nachweis zu führen, dass Menschen ohne ihr Handeln gefährdet sind. Dabei kommt es immer nur darauf an, Schaden zu verhüten und nicht das Wohl zu verbessern, die eigene Zuständigkeit einschließlich ihrer Befugnis und der verfügbaren Handlungsmöglichkeiten im Blick zu behalten und stets die Verhältnismäßigkeit zu beachten (vgl. Dallmann & Volz 2013). Diese Kriterien sind nachvollziehbar und laden dazu ein, das eigene Handeln in Bezug auf Anteile von Fremdbestimmung kritisch zu reflektieren. Allerdings reichen sie nicht aus, denn sie bleiben auf der Ebene von Eingriffen stehen. Weiterführend ist an dieser Stelle eine idealtypische Abgrenzung von Eingriff, Angebot und gemeinsamem Handeln.

> **Eingriff, Angebot und gemeinsames Handeln**
>
> Ein *Eingriff* stellt eine Form von Zwang dar und wird mit Macht, bei Bedarf auch gemeinsam mit anderen Institutionen, ausgeübt. Bei einem Eingriff ist darauf zu achten, dass Adressat:innen nicht die Chance genommen wird, ihre Potenziale zu entfalten und in ein gemeinsames Handeln überzugehen. Schwächer als ein Eingriff ist ein *Angebot*, in dem auf offenen Zwang verzichtet wird, Adressat:innen können zustimmen oder ablehnen. Dahinter verbirgt sich die ideale Vorstellung informierter Zustimmung, die keineswegs per se vorausgesetzt werden kann. Auch Angebote enthalten Anteile, die mit der Idee von Freiwilligkeit nicht vereinbar sind. Erst wenn daraus ein *gemeinsames Handeln* hervorgeht, das geprägt ist von Aushandlungen und einer verabredeten Zusammenarbeit, in der die Wünsche, Bedürfnisse und Handlungsmöglichkeiten der Adressat:innen akzeptiert werden, wird das Problem des Paternalismus substanziell verringert (vgl. Müller 2017, 150f.).

Die interventionsethischen Kriterien für Eingriffe und die zuweilen fließenden Übergänge zwischen Eingriffen, Angeboten und gemeinsamem Handeln bieten immerhin eine Teillösung für das Paternalismusproblem und ermutigen dazu, das Recht auf Selbstbestimmung im größtmöglichen Umfang im fachlichen Handeln zu achten.

Die Wahrnehmung der Entscheidungs- und Handlungsspielräume führt zum Thema Verantwortung im Umgang mit den Dilemmata, die immer entstehen, wenn über das Ausmaß von Fremdbestimmung zu entscheiden ist. Fachkräfte der Sozialen Arbeit stehen vor einer Aufgabenverantwortung in der Realisierung ihrer ambitionierten Ziele, hier der Verwirklichung des Rechts auf Unterstützung unter weitestgehender Vermeidung von Bevormundung. Die Wahrnehmung von Verantwortung setzt Entscheidungs- und Handlungsalternativen voraus, wobei in die Auswahl mögliche Folgen trotz bestehender Ungewissheitsbedingungen einbezogen werden (vgl. Maaser 2015, 120f.). Wie eine sozialarbeiterische Unterstützung wirkt und welche Folgen daraus resultieren, ist nur sehr begrenzt planbar, da zu viele Einflussfaktoren einwirken. Systemtheoretisch formuliert ist es längst geboten, von Kausalitätsvorstellungen in Bezug auf Einflussnahmen auf Individuen Abstand zu nehmen, da Personen, verstanden als Systeme, selbstreferenziell reagieren; ihre Reaktionen sind nur begrenzt kalkulierbar (vgl. Hosemann & Geiling 2013, 101f.). Daraus zu schließen, die Soziale Arbeit trage keine Verantwortung für die Folgen ihres Tuns, weil diese unwägbar sind, wäre ein übertriebener Freibrief.

Verantwortung tragen

Verantwortung tragen heißt zunächst, eine Antwort geben oder im übertragenen Sinn, ein Handeln oder ein Unterlassen hinsichtlich der Folgen zu begründen. Wegen der Schwierigkeiten, Folgen unmittelbar aus einer Handlung abzuleiten, geht es um die Zuschreibung von Verantwortung für wahrscheinliche Folgen, die in unterschiedlichem Ausmaß absehbar sind. Abgestuft werden so weitgehend gewisse Folgen auf der einen Seite von unwahrscheinlichen Folgen auf der anderen Seite (vgl. Nida-Rümelin 2011, 108f.).

An einem Beispiel können die angesprochenen Aspekte illustriert werden: In der Beratung einer wohnungslosen Person, die auf die Fachkraft verzweifelt wirkt, kann die Information, dass die Anbahnung eines Mietverhältnisses nach allen Erfahrungen mindestens ein Jahr in Anspruch nimmt, dazu führen, dass sie endgültig verzweifelt und die Beratung abbricht. Die Information entspricht den Erfahrungen, mit ihr sollen überzogene Erwartungen vermieden werden. Der Anspruch einer transparenten Beratung wird damit erfüllt. Ein empathischer Umgang mit der ratsuchenden Person hätte es allerdings nahegelegt, eine Einschätzung darüber vorzunehmen, wie eine solche Information wirkt. Wäre absehbar, dass damit die Beratung nicht fortgesetzt werden kann, wäre es zu verantworten gewesen, das Thema bei anderer Gelegenheit zu vertiefen.

Die Fallsequenz führt zu der Frage, wie die Aufgabenverantwortung in der Sozialen Arbeit umgesetzt werden kann. Die handelnde Fachkraft steht vor der Aufgabe, sich ihrer begründeten Ziele bewusst zu sein und bei der Auswahl der Mittel zur Umsetzung auf die Verhältnismäßigkeit zu achten (vgl. Schmid Noerr 2018, 85). Sie trägt formal betrachtet die Verantwortung für ihr Handeln gegenüber den Adressat:innen unter Anwendung normativer Kriterien in ihrem Arbeitbereich gegenüber einer Instanz, die zuständig ist für Beurteilungen und Sanktionen. Die Realisierung der Verantwortung setzt ein Normenbewusstsein voraus, das in konkreten Situationen unter Einschätzung möglicher Folgen angewandt und für die Bewertung des eigenen Handelns zugrunde gelegt wird (vgl. ebd., 160f.). Vielfach werden Fachkräfte der Sozialen Arbeit, zumal dann, wenn sich Adressat:innen nicht beschweren oder Anzeige erstatten, von keiner externen Bewertungs- und Sanktionsinstanz beurteilt. Von daher kommt es im Umgang mit den aufgezeigten Dilemmata auf die Bereitschaft an, sich selbst kritisch zu hinterfragen und problematische Situationen im Kolleg:innenkreis und, soweit vorhanden, in der Supervision zu erörtern.

Ein weiterer Baustein zur Eindämmung des Risikos der Fremdbestimmung und des Machtmissbrauchs in der sozialanwaltlich agierenden Sozialen Arbeit neben der ethischen Selbstreflexion, der Überwindung von Eingriffen und Angeboten durch ein gemeinsames Handeln mit Adressat:innen und dem bewussten Umgang mit der Aufgabenverantwortung liegt in der Anwendung der Partizipation. In der philosophischen Reflexion der Partizipation steht der Zusammenhang von Selbstbestimmung und Mitbestimmung im Zentrum.

Selbstbestimmung und Mitbestimmung

Ausgehend vom demokratietheoretischen Fundament der Partizipation kommt dem Recht auf Selbstbestimmung im Umgang mit Individuen eine zentrale Rolle zu. Immer dann, wenn Individuen mit existenziellen Problemen konfrontiert sind, die sie nicht allein lösen können, sind sie auf Unterstützung durch andere bis hin zu speziellen Organisationen und den Staat angewiesen, die allerdings nicht dazu führen darf, dass das *Selbstbestimmungsrecht* missachtet wird. Selbstbestimmung im Sinne von Individualität impliziert hinsichtlich der Abhängigkeit von anderen stets das *Recht auf Mitbestimmung* oder Mitwirkung am Ganzen (vgl. Gerhardt 2007, 25f.).

Durch die Verknüpfung von Selbstbestimmung mit Mitbestimmung wird das Risiko der einseitigen Abhängigkeit theoretisch reduziert. Mitbestimmung ist allerdings voraussetzungsvoll; insoweit kommt es darauf an, die Fähigkeiten zur Mitbestimmung in der Umsetzung eines partizipativen Anspruchs im Blick zu behalten.

Übertragen auf die Soziale Arbeit wird auf Partizipation zurückgegriffen, um paternalistische Fürsorge zu überwinden und Dienstleistungen wie Beratung oder Beistand demokratisch zu organisieren. Ein Recht auf Partizipation stärkt die Rolle der Adressat:innen, die dann nicht mehr auf den guten oder wohlmeinenden Willen der Fachkräfte bei der Durchsetzung ihrer Interessen im Unterstützungsprozess angewiesen sind. Die Realisierung von Partizipation in der Sozialen Arbeit setzt ein transparentes Vorgehen voraus mit strukturell gesicherten Möglichkeiten für Adressat:innen, ihre Sichtweisen handlungsentscheidend einbringen zu können (vgl. Schnurr 2018, 640f.). Die strukturellen Möglichkeiten der Partizipation erfordern nicht zwingend einen gesetzlichen Anspruch, obgleich dieser besonders wirksam und auch symbolisch aussagekräftig wäre. Auch eine institutionelle Selbstverpflichtung, die beispielsweise in den Konzeptionen einschließlich der Leitbilder zum Ausdruck kommt, führt schon weiter, wenn sich die Fachkräfte daran gebunden fühlen und solche Vorstellungen mit Leben füllen. Über die strukturellen Voraussetzungen einschließlich der Haltung der Fachkräfte hinausgehend erfordert Partizipation je nach Ausgangslage der Adressat:innen zuweilen ein abgestuftes Vorgehen, mit dem an die volle Selbstbestimmung herangeführt wird. Der Weg führt von Mitsprache, realisiert durch die Stufen:

1. Informationen über die Leistung vermitteln,
2. Meinungen der Adressat:innen erfragen und
3. deren Lebensweltexpertise einbeziehen,

zur Mitbestimmung,

1. die nicht nur zugelassen wird;
2. auf den weiteren Stufen werden auch Entscheidungskompetenzen abgegeben,

3. Entscheidungsmacht übertragen und
4. auf der höchsten Stufe die Zuständigkeit für die Klärung von Anliegen und Problemen vollständig an die Betroffenen ab- oder zurückgegeben (vgl. Straßburger & Rieger 2019, 17f.).

Das stufenförmige Vorgehen (wobei nicht immer alle Stufen durchschritten werden müssen) trägt dazu bei, Adressat:innen vor Überforderung zu bewahren. Es setzt eine fundierte Einschätzung der individuellen Handlungsmöglichkeiten voraus.

Ausgestattet mit dem Wissen um ein sozialanwaltliches Grundverständnis, um die Schwierigkeiten, in Aufträgen der Adressat:innen immer ihren eigenen freien Willen zu entdecken, und um die Risiken des Paternalismus, die nicht überwunden, aber mit entsprechenden Vorkehrungen deutlich reduziert werden können, geht es in den folgenden Abschnitten um systematische Dimensionen der sozialanwaltlichen Praxis in der Fallarbeit und auf der Ebene der Strukturen und Rahmenbedingungen.

5.4 Methodische Aspekte der sozialanwaltlichen Praxis auf der Fallebene

In der sozialanwaltlichen Praxis auf der Fallebene geht es zum einen darum, gemeinsam mit Adressat:innen, ob in Einzelgesprächen oder in Gruppen, ein kritisches Bewusstsein über ihre Lebensumstände und Probleme zu fördern, das sich nicht in individuellen Schuldzuweisungen und negativen Selbstattribuierungen verliert. In diesem Zusammenhang kommt es darauf an, über die Analyse hinausgehend Handlungsmöglichkeiten zu entdecken, die Adressat:innen motivieren, sich für die Überwindung ihrer Schwierigkeiten zu engagieren. Zum zweiten erfordert die sozialanwaltliche Praxis konkrete Unterstützung bei der Realisierung von Rechtsansprüchen. Der Zugang zu Rechten ist keineswegs selbstverständlich, zumal wenn die Lebensumstände der Adressat:innen eine rechtskreisübergreifende Kombination von Dienst-, Sach- und Geldleistungen erfordern. Neben handlungsbefähigenden Informationen stehen ergänzende oder auch stellvertretende Interventionen der Sozialen Arbeit im Mittelpunkt der Überlegungen, wobei es darum geht, den systematischen methodischen Rahmen im Grundriss zu umreißen.

Bewusstseinsbildung im dialogischen Prozess

Grundlage der Bewusstseinsbildung als gemeinsame politische Reflexion ist die Einordnung der Probleme von Adressat:innen in gesellschaftliche Zusammenhänge, um eine individualisierende Sichtweise zu überwinden. Wohnungslosigkeit wird beispielsweise als Folge einer desolaten Wohnungspolitik und nicht als Ausdruck persönlichen Versagens, Überschuldung als Folge von Einkommensarmut und nicht von unwirtschaftlicher Haushaltsführung oder Erwerbslosigkeit als Resultat eines auf Renditemaximierung ausgerichteten Wirtschaftssystems und nicht als Resultat persönlicher Unfähigkeit interpretiert. Für Adressat:innen kann es entlastend sein, diese Lesarten zuzulassen, in denen individuell erlebte Probleme in einen gesellschaftlichen Rahmen gestellt werden.

Für die Wahrnehmung des sozialanwaltlichen Anspruchs der Sozialen Arbeit, ein kritisches Bewusstsein aufseiten der Adressat:innen zu fördern, sind Elemente der auf Mulally und Dupré zurückgehenden »Structural Social Work« (2019) weiterführend.

> **Structural Social Work**
>
> Im Ansatz »Structural Social Work« der Sozialen Arbeit werden konsequent gesellschaftliche Strukturen mit ihren unterdrückenden und soziale Ungleichheit begünstigenden Regeln in die Problemanalyse und die Entwicklung von Veränderungsstrategien unter Beachtung der Interdependenz von persönlichen und politischen Aspekten einbezogen (vgl. Mulally & Dupré 2019, 200f.).

5.4 Methodische Aspekte der sozialanwaltlichen Praxis auf der Fallebene

In Bezug auf die Bewusstseinsbildung, in der ein politisches und gesellschaftliches Verständnis bestehender Probleme einschließlich der Entwicklung von Veränderungsphantasien und Wege der Umsetzung angestrebt wird, werden die folgenden Impulse vorgeschlagen:

- Vermittlung von Informationen, die vorhandene Sichtweisen korrigieren, beispielsweise sozialstatistische Daten oder andere Forschungsbefunde,
- Würdigung alltäglicher Erfahrungen,
- Reflexionsfragen, die auf übersehene politische und gesellschaftliche Zusammenhänge zielen,
- Auseinandersetzung mit Rationalisierungen und Ausblendungen, die eigenes Handeln unterminieren,
- Gestaltung der Begegnung mit Ratsuchenden auf der Grundlage einer sozialen Empathie, in der die Wahrnehmungen, Gefühle und Ideen über die soziale Welt im Mittelpunkt stehen,
- Normalisierung auftretender Probleme, die in den historischen, sozialen, politischen, kulturellen und ökonomischen Zusammenhang mit dem Ziel eingeordnet werden, eine individuell-pathologisierende Sichtweise zu überwinden.
- Kollektivierung dient dazu, dass Menschen sich als soziale Wesen verstehen, die auf andere angewiesen sind, Sorgen teilen und gemeinsame Schritte der Überwindung von Problemen in Gang setzen können. Zugleich wird deutlich gemacht, dass auch andere von den Schwierigkeiten betroffen sind, die Adressat:innen in ihrer Wahrnehmung teilweise singulär erleben
- Re-Definition und Dekonstruktion der Probleme, die in politische Begriffe übersetzt werden, die mit den aktuellen Lebensumständen zusammenhängen. Eingesetzt werden vorzugsweise kritische Fragen, Schlussfolgerungen oder kognitive Dissonanzen, die eine alternative Perspektive auf das eigene Leben ermöglichen (vgl. ebd., 311f.)

Für die methodische Umsetzung der umfangreichen Ziele der Bewusstseinsbildung werden in der »Structural Social Work« Ideen der »Pädagogik der Unterdrückten« von Paulo Freire aufgegriffen. Favorisiert wird eine dialogische Beziehung, die durch einen horizontalen Austausch geprägt ist, in dem alle Beteiligten solidarisch voneinander lernen und nicht Fachkräfte einseitig Wissen weitergeben (vgl. ebd., 323). Die gemeinsame Arbeit dient dazu, eine Kultur des Schweigens zu überwinden, soziale, politische und wirtschaftliche Widersprüche im Umfeld konkreter Probleme der Adressat:innen aufzudecken und ihre gesellschaftliche Handlungsfähigkeit zu verbessern (vgl. Freire 1988, 25). Dahinter steht die Idee eines emanzipierten Lebens, verbunden mit dem ermutigenden Glauben, dass Adressat:innen in der Lage sind, ihre Lebensumstände gemeinsam mit anderen Menschen zu verändern. So kann es beispielsweise darum gehen, bei psychischen Belastungen gesellschaftliche Ursachen wie Stigmatisierung oder Armut für langanhaltende Verläufe in Betracht zu ziehen und von einer individualisierenden Deutung Abstand zu nehmen. In einem von Dogmen freien wechselseitigen Lernprozess werden nach Freire generative Themen erörtert und benannt, die Wahrnehmungen der Adressat:innen über für sie existenzielle Themen wie Abhängigkeit, Unterdrückung oder Ungleichverteilung enthalten. Zunächst werden die Themen nachvollzogen und im weiteren Dialog wird die Wahrnehmung hinterfragt bzw. dekodiert, alternative Deutungen werden eingebracht und Handlungsmöglichkeiten eruiert, die zur Lösung bestehender Probleme herangezogen werden können. Probleme werden damit als veränderbar aufgefasst und nicht als ein unverrückbarer Zustand. Im Prozess der begleiteten Bewusstseinsbildung werden Adressat:innen herausgefordert, ihre zuweilen naiven oder magischen Vorstellungen von der Wirklichkeit zu überwinden und neuen Möglichkeiten eine Chance zu geben (vgl. ebd., 87f.).

Die Kommunikationsform der Wahl für die Förderung eines kritischen Bewusstseins wird im Dialog gesehen. Ergänzend zu den grundlegenden Hinweisen, die in der »Pädagogik der Unterdrückten« ausgeführt werden, bietet es sich an, den Dialog als zentrales Medium der Bewusstseinsbildung methodisch noch genauer zu betrachten. Der Dialog dient der Erkundung von Hintergründen und neuen Möglichkeiten, auf Themen und Probleme zu blicken. Vor allem der generative Dialog ist so angelegt, dass Abläufe, Gewohnheiten etc. exploriert werden.

5.4 Methodische Aspekte der sozialanwaltlichen Praxis auf der Fallebene

> **Der generative Dialog**
>
> Ein generativer Dialog ist ein geplanter Austausch mit dem Ziel, Strukturen des Denkens und der Kommunikation zu befragen. Die Rolle der Fachkräfte besteht darin, den Dialog zu begleiten und ihn nicht inhaltlich zu dominieren. Die Umsetzung erfordert es, so zuzuhören, dass andere gerne sprechen, so zu reden, dass andere gerne zuhören, sowie Urteile und Bewertungen zurückzuhalten.

Im Mittelpunkt steht die folgende Haltung mit fließenden Übergängen zur methodischen Gestaltung:

- **Lernhaltung**
  Nicht Wissen, sondern der Wille zum Lernen wird erkennbar gemacht, indem man eine erkundende Haltung einnimmt und offen ist für neue Inhalte, sich dafür interessiert, was andere denken, fühlen etc.
- **Radikaler Respekt**
  Dieser Anspruch impliziert, Adressat:innen als gleichwertig anzuerkennen, ihnen mit Empathie zu begegnen und eigene Sichtweisen zurückzustellen.
- **Von Herzen sprechen**
  Gemeint ist eine authentische Kommunikation, in der über persönlich relevante Themen, auch eigene Erfahrungen, Gedanken, Beobachtungen wahrhaftig gesprochen wird.
- **Zuhören**
  Aktives, aufmerksames, empathisches, vorbehaltloses Zuhören lädt zum offenen Austausch ein.
- **Verlangsamung**
  Damit ist gemeint, Themen aufrechtzuerhalten, sich auf die Geschwindigkeit der Beteiligten einzustellen und eine vertiefte Durchdringung zu begleiten.
- **Produktiv argumentieren**
  Stellung in proaktiver Weise beziehen beinhaltet, den eigenen Denkprozess in seinen Etappen darzustellen, auch angestellte Erwägungen,

so können Gedanken und Lücken in der Argumentation aufgespürt werden.
- **Beobachtende Haltung**
Sich selbst beobachten, eigene Impulse wahrnehmen, reflektieren und kontrollieren ist damit gemeint (vgl. Plate 2021, 169f.).

Zusammenfassend ist festzuhalten, dass Bewusstseinsbildung dazu beiträgt, Probleme gesellschaftlich und politisch einzuordnen und einen Veränderungsprozess zu fördern. Allein reicht dieser Ansatz in der Sozialen Arbeit allerdings nicht aus.

»Consciousness-raising will not make life easier for the social worker. Second, although consciousness-raising should be a cornerstone of social work practice, it does not represent the totality of practice; giving support, dealing with crises, providing hard services, advocacy, making referrals (Verweisungen, Empfehlungen), and helping to make people's immediate lives more bearable are also important activities« (Mulally & Dupré 2019, 315),

Bewusstseinsbildung ist somit ein Baustein der sozialanwaltlich ausgerichteten Sozialen Arbeit. Ein weiteres Element besteht in ihrem Beitrag zur Rechtsverwirklichung, die anschließend umrissen wird.

Verwirklichung von Rechten in der Fallarbeit

Befasst man sich auf der Fallebene, sei es in der Beratung, der Betreuung oder im Case Management, mit armutsbedingt prekären Lebenslagen, kommen ganz unterschiedliche Sozialleistungen infrage, über die Fachkräfte zumindest orientiert sein müssen, um entsprechende Zugangsweichen stellen zu können. Hierzu zählen insbesondere

- Grundsicherungsleistungen nach SGB II,
- Leistungen der Arbeitslosenversicherung nach SGB III, Sozialhilfeleistungen nach SGB XII,
- Wohngeldansprüche nach dem Wohngeldgesetz,
- Unterhaltsvorschüsse nach dem Unterhaltsvorschussgesetz,
- Möglichkeiten der Finanzierung von Bildung und Ausbildung nach den BAföG-Regelungen und den Ansprüchen auf Fort- und Weiterbildung.

5.4 Methodische Aspekte der sozialanwaltlichen Praxis auf der Fallebene

Hinzu kommen erforderliche Kenntnisse über Dienstleistungsansprüche auf Beratung und Unterstützung öffentlicher und freier sowie privater Träger, etwa bei Erwerbslosigkeit, Schulden oder Wohnungsproblemen. Darüber hinaus werden in der Fallarbeit weitere Rechtskenntnisse gebraucht, wenn es um den Schutz der existenziellen Lebensgrundlagen wie die Vermeidung eines Wohnungsverlusts bei Mietschulden, den Pfändungsschutz bei Ver- und Überschuldung oder die Haftvermeidung bei Geldauflagen geht. Diese und weitere gesetzliche Hintergründe sind bereits in der Fallanalyse zu beachten, denn gerade in der Sozialen Arbeit strahlen gesetzliche Regelungen und Ansprüche in vielfältiger Weise auf Fallverläufe ein. Über die Kenntnisse von Leistungs- und Schutzrechten hinausgehend ist für die sozialarbeiterische Fallarbeit sozialadministratives Wissen gefragt. Es umfasst insbesondere Wissen über Zuständigkeiten und Behördenwege, Antragsverfahren, Ermessensspielräume, Antragsbegründungen einschließlich gutachtlicher Stellungnahmen und Rechtsmittel in Konfliktfällen.

Die Verwirklichung von Rechten, sei es durch die Adressat:innen selbst oder mit Unterstützung der Sozialen Arbeit, stößt auf unterschiedliche Barrieren. Genannt werden

- subjektive Unsicherheit,
- kulturelle Deutungsmuster in Bezug auf Behörden,
- Angst vor gesellschaftlicher Ausgrenzung, institutionellen Abläufen einschließlich der Angst vor Konflikten mit Mitarbeiter:innen und
- Wissenslücken über Leistungen und Ansprüche (vgl. Papenheim, Baltes, Palsherm & Kessler 2018, 194).

Diese Aufzählung ist nicht abschließend. So sind beispielsweise auch fehlende Sprachkenntnisse, negative Erfahrungen oder persönliche Beeinträchtigungen sowie fehlender Rückhalt in sozialen Netzwerken zu berücksichtigen. Diese Barrieren sind nicht unverrückbar, auf Elemente einer responsiven Reorganisation der Erbringung von Sozialleistungen wurde bereits in Kapitel 2.4 aufmerksam gemacht. Noch ist die Sozialbürokratie mit ihrer passiven Institutionalisierung, der lückenhaften Ressourcen- und Personalausstattung, der bürokratischen Komplexität, die bis zur Überregulierung mit immer geringeren Spielräumen für eine

Einzelfallgestaltung reicht, und dem vielerorts präsenten Sanktionspotenzial weit entfernt von einer offensiven Erbringung ihrer Leistungen (vgl. Dimmel 2021, 1015f.). Wenn durch ihre lebensweltlichen Belastungen verunsicherte Menschen auf eine als abweisend erlebte Verwaltung treffen, werden viele der Barrieren, die nicht selten in unterschiedlichen Verbindungen auftreten, als unüberwindbar erlebt. In einer solchen Situation droht aufseiten der Adressat:innen eine Abwendung von der Sozialbürokratie, sie bleiben dann ohne jede behördlich rückgebundene sozialstaatliche Unterstützung mit zum Teil dramatischen Konsequenzen für ihre weitere Biografie. Nötig sind behördeninterne und behördenexterne Formen der Unterstützung für leistungsberechtigte Adressat:innen, soll das grundlegende Anliegen des Sozialstaats, das in der programmatischen Verpflichtung auf soziale Sicherheit und Gerechtigkeit gipfelt, realisiert werden. Die Verwirklichung von Rechten in der sozialanwaltlich ausgerichteten Sozialen Arbeit ist ein wesentlicher Beitrag zur Verwirklichung des Sozialstaatsprinzips. Die Soziale Arbeit ist damit ein weiterer Garant für die Eröffnung von Teilhabemöglichkeiten und Zugangschancen zu den Errungenschaften der Gesellschaft. Sie leistet ihre Beiträge auf der Ebene der Verwirklichung von Rechten durch die Befähigung der Adressat:innen zur Rechtswahrnehmung und im Bedarfsfall durch konkrete ergänzende unterstützende Maßnahmen bis zu stellvertretenden Handlungen.

Zunächst erfolgen methodische Hinweise zur Förderung der Selbsthilfepotenziale der Adressat:innen im Prozess der Verwirklichung ihrer Rechte durch die Vermittlung handlungsbefähigenden Wissens, das im Alltag unmittelbar umgesetzt werden kann. Inhaltlich geht es mit konkreten Bezügen auf die jeweils vorliegende Fallkonstellation um ausgewählte Leistungs- und Schutzrechte einschließlich der Umsetzungswege aus dem oben beschriebenen Spektrum. Adressat:innen, die vor komplexen Problemen stehen, haben in der Regel kein Interesse an seminaristischen Ausführungen, sie sind an für sie unmittelbar relevanten Wissensbeständen interessiert. Den Ausgangspunkt bilden Erfahrungen, Probleme, Sichtweisen, Ängste und Hoffnungen der Adressat:innen, auf die bezogen Inhalte ausgewählt werden. Die erläuterten Zugangsbarrieren sind in die Wissensvermittlung mit dem Ziel einzubeziehen, um sie durch eigenes Handeln zu überwinden.

Die Aufbereitung des Wissens über individuell infrage kommende Rechte und mögliche Handlungsweisen der Adressat:innen ist ein inhaltlich und methodisch anspruchsvolles Unterfangen in der sozialanwaltlichen Praxis der Sozialen Arbeit. Man kann nicht davon ausgehen, dass Adressat:innen für die Aneignung eines solchen Wissens per se aufgeschlossen sind. Zu Beginn des Prozesses ist deshalb zu überlegen, ob Lernwiderstände vorliegen, die gemeinsam zu bearbeiten sind.

Lernwiderstände

Lernwiderstände können aus der Sicht einer kritisch-pragmatischen Lerntheorie insbesondere dann auftreten, wenn in den angebotenen Inhalten kein Sinn für das eigene Leben entdeckt wird, wenn der Aufwand der Aneignung in keinem Verhältnis zum mutmaßlichen Ertrag steht, wenn Milieueinflüsse und Lebensumstände der Aneignung entgegenstehen und wenn die Interessen und Bedürfnisse der Adressat:innen nicht (hinreichend) beachtet werden (vgl. Faulstich 2013, 91f.).

Ist es gelungen, Lernwiderstände abzubauen oder ganz zu überwinden, stellen sich gesprächsdidaktische Fragen der Wissensvermittlung, die sich von curricularen Vorgehensweisen unterscheiden, wie sie im Unterricht oder der Lehre anzutreffen sind. Grundlegend bedeutsam ist hierbei aus allgemeindidaktischer Sicht die Feststellung, dass angebotenes Wissen durch die Adressat:innen aktiv angeeignet wird. Die Ergebnisse dieses Prozesses sind kontingent, eine Fachkraft kann nicht steuern, was von den angebotenen Inhalten wie verarbeitet und im Alltag umgesetzt wird (vgl. Terhart 2019, 21f.). Die Chance eines konstruktiven und zur Handlung befähigenden Aneignungsprozesses wird gleichwohl bei einer inhaltlich und sprachlich angemessenen Aufbereitung der Inhalte erhöht. Im Mittelpunkt dabei steht die Suche nach adäquaten Handlungsalternativen in Bezug auf zu lösende Entscheidungs- und Handlungsprobleme im Alltag. Die angebotenen Informationen sollen unmittelbar verständlich sein und keiner weiteren Interpretationen bedürfen. Zu klären sind die folgenden Fragen:

- Welche Informationen werden unmittelbar in Bezug auf zu lösende Probleme gebraucht?
- Welche Vorkenntnisse liegen vor, an die angeschlossen werden kann?
- Auf welche, auch negativen, Erfahrungen muss in der Vermittlung Rücksicht genommen werden?
- Welche möglichen Reaktionen auf vermittelte Inhalte sind in die Auswahlüberlegungen einzubeziehen? (Vgl. Giesecke 2015, 82f.)

Unterstützt wird die Umsetzung dieses didaktischen Anspruchs durch eine personenzentrierte Sprache, die sich dadurch auszeichnet, Inhalte möglichst mit einem geläufigen Vokabular prägnant und übersichtlich strukturiert darzustellen (vgl. Langer, Schulz von Thun & Tausch 2006, 22f.). Überdies ist eine personenzentrierte Haltung in der Wissensvermittlung geboten, in der ein rücksichtsvoller und empathischer Umgang mit Adressat:innen unter Würdigung ihrer seelischen Verfassung angestrebt wird (vgl. ebd., 161f.).

Sind Adressat:innen mit dem vermittelten Wissen handlungsfähig, erübrigen sich stellvertretende Schritte der Sozialen Arbeit, das Risiko der Fremdbestimmung und des Paternalismus ist damit deutlich verringert. In Fällen, in denen die Selbsthilfepotenziale noch nicht so weit entfaltet werden können und ohne flankierende Maßnahmen die Verwirklichung der Rechte nicht gewährleistet ist, ist die Soziale Arbeit nicht nur auf der Bühne der Wissensvermittlung gefordert; ergänzend kommen nun stellvertretende Maßnahmen der Rechtsverwirklichung in Betracht, für die ebenfalls methodische Anregungen präsentiert werden.

Die sozialanwaltliche stellvertretende Interessenvertretung der Adressat:innen bei der Realisierung ihrer Rechtsansprüche dient dazu, ihnen gegenüber Behörden, Institutionen etc. eine Stimme zu verleihen, sie mit ihren Themen, Problemen und Anliegen sichtbar zu machen. Gerade dann, wenn Vorurteile, beispielsweise gegenüber Langzeiterwerbslosen oder Menschen in Wohnungsnot, dazu führen, dass sich die Betroffenen zurückziehen, ist es umso wichtiger, ihnen in der Öffentlichkeit wieder ein Gesicht zu geben und ein Gegengewicht zum gesellschaftlich um sich greifenden »Exhibitionismus des Ressentiments« (Emcke 2016, 15) darzustellen. Ressentiments tragen dazu bei, dass sich Menschen in prekären Lebenslagen immer weiter zurückziehen und ihre Probleme

5.4 Methodische Aspekte der sozialanwaltlichen Praxis auf der Fallebene

nach Kräften verbergen. In der Konsequenz bedeutet dies, dass sie mit ihren Problemen sozial nicht mehr wahrgenommen und im Extremfall missachtet werden. Die Soziale Arbeit setzt bei der sozialanwaltlich motivierten Unterstützung der Adressat:innen auf dem Weg der Rechtsdurchsetzung auf verschiedenen Ebenen an, die hier systematisch ohne vollständige methodische Details portraitiert werden.

- Die *kompensatorische Funktion* der Sozialen Arbeit wird in diesem Feld darin gesehen, Adressat:innen über Rechte aufzuklären und sie an das Rechtssystem anzukoppeln, beispielsweise durch die Organisation einer Beratungs- oder Prozesskostenhilfe in Konfliktfällen oder die Vermittlung an Beratungsstellen, Ombudsstellen oder das Beschwerdemanagement in den Behörden und Einrichtungen, deren Entscheidungen überprüft werden sollen.
- Für eine übergreifende Perspektive steht die *regulatorische Aufgabe* der Sozialen Arbeit, die bereits auf die strukturelle Dimension der Sozialanwaltschaft verweist. Sie zielt darauf, Missstände aufzudecken und dazu beizutragen, Regelungslücken in der Gesetzgebung durch Stellungnahmen, Gutachten oder Beteiligung an Beratungen und Gesetzgebungsverfahren zu schließen (vgl. Naake 2021, 694).

Soziale Arbeit, die sich auf Rechtsverwirklichung einlässt, wird in der internationalen Diskussion auch als »Welfare Rights Work« bezeichnet, die damit in der Tradition ihres elementaren ethischen Selbstanspruchs steht, Menschen in Notlagen zu empowern und ihnen schützend zur Seite zu stehen (vgl. Bateman 2008, 148f.). Würden Leistungsträger flächendeckend ihrem Beratungsauftrag nach § 14 SGB I nachkommen, wonach Ratsuchende über für sie infrage kommende Leistungsansprüche, bevorstehende Gesetzesänderungen, die Verwaltungspraxis und ein für sie günstiges Verhalten informiert werden sollen, wäre die kompensatorische Funktion der Sozialen Arbeit bei der Rechtsdurchsetzung nicht in dem heute großen Umfang gefordert. Gleichzeitig ist allerdings darauf hinzuweisen, dass die Leistungsträger nur über solche Leistungen in dem erwähnten Umfang zu beraten haben, für deren Erbringung sie zuständig sind. Auch eine optimale behördliche Beratung würde die kompensatorische Funktion der Sozialen Arbeit nicht überflüssig machen, geht es doch in vielen Fällen um rechtskreisübergreifende Leistungen, die häufig erst in einem vertrauensvollen Prozess der breit angelegten sozialarbeiterischen Fallanalyse aufgespürt werden. Die Beratungserfahrungen systematisch hinsichtlich möglicher Regelungslücken in einer dynamischen Gesellschaft auszuwerten, setzt Erfahrungen auf der Mikroebene voraus, die dann dazu befähigen, die Stimme für Adressat:innen auf der Meso- und Makroebene fundiert zu erheben (▶ Kap. 4.6); insofern ist die regulatorische Funktion als integraler Bestandteil der sozialanwaltlich orientierten Sozialen Arbeit zu verstehen.

Auf der Mikroebene, also in der unmittelbaren Fallbarbeit, erfordert die sozialarbeiterische Unterstützung bei der Rechtsdurchsetzung ein auf die individuellen Besonderheiten der Adressat:innen ausgerichtetes Vorgehen. Die Frage der Rechtsdurchsetzung zieht sich durch den gesamten Prozess von der Fallerfassung über die Fallanalyse, die Zielentwicklung, die Hilfeplanung bis zur Gestaltung konkreter Interventionen einschließlich der Vernetzung mit anderen Diensten und Einrichtungen. Werden infrage kommende Rechtsansprüche identifiziert, geht es aus sozialadministrativer Sicht um die Ermittlung der zuständigen Stellen und die Auseinandersetzung mit dem Antragsverfahren, die Antragstellung, die Überprüfung des Antrags und bei Bedarf um die Initiierung von Rechtsschritten zur Korrektur einer behördlichen Entscheidung (vgl. Stimmer & Ansen 2016, 310f.). Da häufig Ermessensspielräume bestehen, fällt der sozialanwaltlich ausgerichteten Sozialen Arbeit auch die Aufgabe zu, über Antragsbegründungen, die vielfach die Qualität einer gutachtlichen Stellungnahme aufweisen, in begründeten Fällen eine Entscheidung zugunsten der Adressat:innen herbeizuführen. In solchen Begründungen wird über die Entstehungsbedingungen von Problemen und verlaufsrelevante Faktoren berichtet sowie eine prognostische Beurteilung über die weitere Entwicklung abgegeben, auch in Bezug auf negative Erwartungen bei ausbleibenden Unterstützungsleistungen. Wird beispielsweise die Übernahme von Mietschulden zur Abwendung eines drohenden Wohnungsverlustes wegen Mietschulden nach § 22 Abs. 8 SGB II im Interesse einer von Wohnungslosigkeit bedrohten Person beantragt, ist der Nachweis zu führen, dass die Mietschulden nicht vorsätzlich oder grob fahrlässig gemacht wurden. Hinweise auf persönliche Krisen und Überforderungen können hier sehr hilfreich sein, das Ermessen zugunsten der betroffenen Person auszulegen. Wenn es dann noch möglich ist, eine günstige Prognose über die weitere Entwicklung unter der Prämisse der Wohnungssicherung plausibel zu begründen, trägt dies wesentlich zu einer Entscheidung bei, an deren Ende die Wohnung gesichert ist. Das Gewicht von Antragsbegründungen kann in Ermessensfällen gar nicht hoch genug eingeschätzt werden, in denen eine gesetzliche Regelung auf eine sozialarbeiterische Expertise angewiesen ist.

Die bisherigen Ausführungen zur Rechtsverwirklichung klingen sehr harmonisch. Verfügen Adressat:innen über ein ausreichendes Rechtsdurchsetzungswissen oder bringt sich die Soziale Arbeit mit ihren sozialanwaltlichen Anteilen ein, ist noch keineswegs sichergestellt, dass Rechte auch Realität werden. Erfahrungen in der Beantragung von Sozialleistungen, ob im Bereich der Grundsicherung, in der Sozialhilfe oder der Behandlungs- und Rehabilitationsleistungen, dokumentieren, dass Leistungen teilweise erst im Widerspruchs- oder Klageverfahren durchgesetzt werden müssen. In der sozialanwaltlichen Praxis der Sozialen Arbeit ist Konfliktfähigkeit gefordert, anders ist eine stellvertretende Interessenvertretung nicht zu verwirklichen.

Die Soziale Arbeit stellt für Adressat:innen eine Begrenzungsmacht dar, indem sie im Unterschied zur Behinderungsmacht, die für Zugangsbarrieren, Benachteiligungen und Diskriminierungen steht, ihre Möglichkeiten einbringt, um legitime Rechte durchzusetzen und zu einer fairen Ressourcen- und Machtverteilung beizutragen.

> **Begrenzungsmacht**
>
> Die Begrenzungsmacht ist aus der Sicht der Sozialen Arbeit eine Kontrollinstanz, die es u. a. Organisationen erschwert, Machtstrukturen zu Lasten der Adressat:innen zu praktizieren. Sie dient dem Ausgleich eines Machtgefälles, das die Adressat:innen der Sozialen Arbeit mit eher geringen Machtquellen anfällig macht für Missbrauch und unfaire Behandlungen (vgl. Staub-Bernasconi 2018, 418f.).

In Bezug auf den sozialanwaltlichen Einsatz der Sozialen Arbeit für die Belange der Adressat:innen ist es sinnvoll, die eher pauschale Kategorie der Begrenzungsmacht auszubuchstabieren. Die Soziale Arbeit verfügt über Fachwissen, hier über das System der sozialen Sicherung, Antragsverfahren, Rechtswege, über die Fähigkeit zum Fallverstehen einschließlich Deutungs- und Erklärungswissen und Sprache. Zu ihren Machtquellen zählt ebenso ihr Organisations- und Trägerhintergrund mit multiplen Ressourcen, die ihr die Möglichkeit bieten, u. a. Rechtshilfe zu mobilisieren oder Öffentlichkeit mit dem Ziel der Skandalisierung von Praktiken und Entscheidungen herzustellen. Nicht zu unterschätzen ist daneben die Vernetzung mit anderen Diensten und Einrichtungen, die für konzertierte Aktionen dienlich sind, in Konfliktfällen eine wichtige Ressource. Die Erinnerung an die eigenen Machtquellen hilft der sozialanwaltlichen Sozialen Arbeit, sich ihrer Handlungsmöglichkeiten bewusst zu sein, die in Auseinandersetzungen gebraucht werden. In Konfliktfällen ist allerdings darauf zu achten, das Maß des Widerstands nicht zu überziehen. Konflikte haben, werden sie nicht frühzeitig eingedämmt, die Tendenz zur Eskalation bis zu einem Punkt, an dem es nur noch darum geht, anderen Schaden zuzufügen, auch wenn man selbst davon betroffen ist. Der Hintergrund dieser Dynamik liegt darin, dass in Konflikten, zumal wenn sie eskalieren, die Wahrnehmung, das Denken, Fühlen, Wollen und Handeln immer stärker auf das Konfliktthema eingeengt wird, sodass es zu Verhärtungen und Einengungen des Handlungsspielraums der Beteiligten kommt (vgl. Glasl 2013, 237f.). Um dieser Spirale zu entrinnen oder ihr vorzubeugen, sind in Konfliktfällen, in die Fachkräfte der Sozialen Arbeit bei sozialanwaltlichen Vorgehensweisen teilweise unweigerlich geraten, deeskalierende Verhaltensweisen ratsam. Hierzu zählt u. a., nicht spontan zu reagieren, sondern sich immer neu der Ziele zu vergewissern, die man erreichen möchte. Entscheidend ist, durch die Trennung der Beziehungs- von der Inhaltsebene die Voraussetzung dafür zu schaffen, von persönlichen Angriffen abzusehen. Vorteilhaft ist es überdies, der Gegenseite die Chance zu geben, gesichtswahrend einer Lösung zuzustimmen, am besten noch mit einem eigenen Gewinn. Dies gelingt, wenn ihre Interessen ausdrücklich gewürdigt werden, die in Konfliktfällen nicht per se abzulehnen sind. In verhärteten Konflikten ist es allemal ratsam, vermittelnde Unterstützung in Anspruch zu nehmen und sich nicht weiter zu verstricken, denn am Ende sind in Extremfall alle Beteiligten beschädigt (vgl. Simon 2012, 119f.).

5.5 Methodische Aspekte der sozialanwaltlichen Praxis auf der strukturellen Ebene

Wie in den Ausführungen des vorangehenden Abschnitts deutlich wurde, beginnt die Arbeit auf der strukturellen Ebene bereits in der fallbezogenen Unterstützung. Dort werden u. a. Potenziale und Lücken im System der sozialen Existenzsicherung sowie probate und weniger bis ungeeignete Rahmenbedingungen der Sozialen Arbeit sichtbar. Wenn es gelingt, diese Erfahrungen und Beobachtungen systematisch zu bündeln und daraus politische Initiativen entstehen zu lassen, gewinnen strukturelle Varianten der Unterstützung zusätzliche Substanz. Die Verzahnung von fallbezogener Unterstützung mit strukturellen und damit politischen Inhalten wird besonders in Bezug auf benachteiligende Lebensbedingungen evident, die vielfach die Soziale Arbeit auf den Plan rufen. Die persönliche Unterstützung im Umgang mit Belastungen, beispielsweise in Form von Krisenbewältigung, persönlichem Empowerment oder Förderung der Veränderungsmotivation, ist untrennbar mit den politisch zu verantwortenden Rahmenbedingungen wie vorhandene soziale Rechte und Leistungen sowie den Zugangsbedingungen für Adressat:innen verbunden (vgl. Munsch 2017, 160). Die Förderung einer Veränderungsmotivation auf der Grundlage der in der Sozialen Arbeit breit rezipierten Motivierenden Gesprächsführung stößt beispielsweise an Grenzen, wenn für Adressat:innen keine attraktiven Perspektiven bestehen, etwa eine erreichbare Drogentherapie, bezahlbarer Wohnraum oder ein angemessener Arbeitsplatz. Fehlen diese Möglichkeiten, kann das Scheitern der Motivierenden Gesprächsführung, um beim Beispiel zu bleiben, nicht der Sozialen Arbeit angelastet werden. Dieser strukturelle

Hintergrund sollte in Evaluationen methodischer Programme immer berücksichtigt werden.

Die sozialanwaltliche Praxis auf der strukturellen Ebene führt zum politischen Selbstverständnis der Sozialen Arbeit, in dem die Suche nach Gestaltungsmöglichkeiten der Rahmenbedingungen für professionelles Handeln und in Bezug auf die Lebensumstände der Adressat:innen im Mittelpunkt steht. Eine sich politisch verstehende Soziale Arbeit nimmt Bedingungen nicht einfach hin, das wäre ausschließlich affirmativ, sondern versteht wahrgenommene Missstände als Aufforderung für systematische politische Schritte, die auf Verbesserungen zielen. In der Zusammenarbeit mit von Armut betroffenen Gruppen ist die systemtheoretische Funktionsbestimmung der Sozialen Arbeit der Exklusionsverwaltung, die neben Inklusionsermöglichung und Exklusionsvermeidung steht (vgl. Bommes & Scherr 2012, 172f.), nur im äußersten Notfall hinnehmbar, wenn alle Möglichkeiten der Veränderung ausgereizt sind. An dieser Stelle ist ein Zwischenschritt vor der Erläuterung methodischer politischer Vorgehensweisen sinnvoll, in dem unterschiedliche Varianten eines politischen Selbstverständnisses der Sozialen Arbeit ausgeführt werden. Neben allen Unterschieden im Detail stimmen die dargestellten Varianten darin überein, dass Politik und Sozialpolitik untrennbar mit der Sozialen Arbeit zusammenhängen.

Soziale Arbeit als Modus der Sozialpolitik

Soziale Arbeit kann als Modus der Sozialpolitik verstanden werden, wenn Interventionsüberlegungen im Vordergrund stehen. Danach ist die Soziale Arbeit insbesondere in Fällen gefordert, die nicht mit generalistischen Sozialleistungen, wie sie für Sozialversicherungssysteme typisch sind, gelöst werden können. Die Einzelfallorientierung unterstreicht den eigenständigen Charakter der Sozialen Arbeit innerhalb der Sozialpolitik. Das Verhältnis der Sozialen Arbeit zur Sozialpolitik kann zum einen als Identitätbereich beschrieben werden, in dem die Soziale Arbeit vorhandene Sozialleistungen fallbezogen erschließt, und zum anderen als Differenzbereich, der dadurch gekennzeichnet ist, dass die Soziale Arbeit neue, sozialpolitisch noch nicht (ausreichend) geregelte Problemlagen bearbeitet und damit bisherige Ausrichtungen ergänzt (vgl. Schönig 2013, 36f.). In diesem Verständnis wird der Sozialen Arbeit ein formal ergänzender und eigenständiger Bereich im Verhältnis zur Sozialpolitik zugewiesen, eine normative Interpretation erfolgt hier nicht.

Politikwissenschaftliche Analyse der Sozialen Arbeit

In einer politikwissenschaftlich fundierten Analyse der Sozialen Arbeit im Verhältnis zur Politik wird betont, dass politisches Handeln integraler Bestandteil des sozialarbeiterisch-professionellen Handelns ist. Die Rolle der Sozialen Arbeit wird einerseits darin gesehen, sozialpolitische und politische Unterstützungsprogramme umzusetzen, Politik also zu implementieren, und andererseits Politik zu veranlassen, weitere Bedarfe als handlungsrelevant anzuerkennen. Mit der Wahrnehmung der zuletzt genannten Rolle wird eine Politikgestaltung angestrebt (vgl. Rieger 2019, 769f.). Wird die Soziale Arbeit bei Schönig noch im Wesentlichen auf die Fallarbeit, wenn auch mit innovativen Anteilen, fokussiert, geht Rieger mit der Politikgestaltungsidee darüber hinaus. Die Anerkennung neuer Bedarfe ist eine Grundlage dafür, das politische und sozialpolitische Spektrum teilweise auch gegen Beharrungskräfte zu erweitern.

Soziale Arbeit als Cause Advocacy

Das politische Verständnis der Sozialen Arbeit wird in der Advocacy-Debatte mit dem Begriff »Cause Advocacy« diskutiert. Soziale Arbeit wird in dieser Lesart mit dem Auftrag verstanden, soziale Chancen für ihre Zielgruppen durch Einflussnahme auf Gesetzgebung und Politik zu verbessern. Die politische Praxis ist integraler Bestandteil der professionellen Praxis, in der die Rechte der Adressat:innen verfolgt und soziale Bewegungen von Betroffenen unterstützt werden, die für ihre Anliegen eintreten. Überdies zielen Aktivitäten der Sozialen Arbeit auf die Installierung spezifischer Angebote in der Infrastruktur, die der Rechtsdurchsetzung der Zielgruppen wie beispielsweise Ombudsstellen dienen (vgl. Payne 2014, 299).

»Social workers are ideal candidates for these roles because of their broad social science background. Practioners can then identify colleagues in this role; feeding client's experiences and needs to them is a form of policy practice that is available to people in ordinary social work roles« (ebd., 300).

Dieser Zugang zum politischen Verständnis der Sozialen Arbeit bezieht über die bisherigen Interpretationen hinausgehend noch die Mobilisierung der Zielgruppen mit ein, die sich verbünden und Druck auf die Politik zur Realisierung ihres Unterstützungsanliegens aufbauen.

Soziale Arbeit als Teil der kritischen Öffentlichkeit

Auf die Rolle der Sozialen Arbeit als ein Teil der kritischen Öffentlichkeit wird in einer weiteren Betrachtung der politischen Implikationen aufmerksam gemacht. Die Soziale Arbeit gilt darin als eine Beobachtungsinstanz und als kritische Berichterstatterin über herausfordernde soziale Probleme, deren politische Wahrnehmung längst nicht immer vorausgesetzt werden kann, auch um Kosten für Lösungsangebote zu sparen. In Abgrenzung zum pauschalen Verständnis der Sozialen Arbeit als Menschenrechtsprofession wird vorgeschlagen, insbesondere Fragen der individuellen Freiheit und Selbstbestimmung, der sozialen Gerechtigkeit und der Teilhabe oder Inklusion in den Mittelpunkt der politischen Analyse und Initiativen zu rücken. Ausdrücklich wird betont, dass die Soziale Arbeit eher wohlwollend wahrgenommen wird, wenn sie sachbezogen und weniger moralisch-appellativ kommuniziert (vgl. Maaser 2017, 191f.). Ergänzend zu den anderen Positionen wird hier noch ein Hinweis auf die öffentliche Resonanz sozialarbeiterischer Stellungnahmen und Forderungen eingeflochten, die erhöht wird, wenn Aussagen stärker analytisch und fachlich präsentiert werden – für die Einmischung und Öffentlichkeitsarbeit ein wichtiges Kriterium.

Repolitisierung der Sozialen Arbeit

An die Einmischung in öffentliche Diskurse anknüpfend wird in einem weiteren Ansatz für eine breitere Repolitisierung der Sozialen Arbeit als Teil des politischen Systems argumentiert. Auf der Grundlage kritischer

Analysen der Verhältnisse und der Machtstrukturen wird die Soziale Arbeit in der Rolle gesehen, deutlich Stellung zu beziehen gegenüber politisch zuständigen Personen und Institutionen für nicht zu rechtfertigende Verhältnisse, u. a. durch Eingaben, Demonstrationen, Mahnwachen und vielfältige andere Aktionen mit Öffentlichkeitswirksamkeit (vgl. Seithe 2014, 39f.). Gefordert werden aktive Protestformen, die ein hohes Maß an Konfliktbereitschaft voraussetzen, um politische Veränderungen herbeizuführen, die auf anderem Weg nicht zu erreichen sind.

Skizze sozialpolitischer Aufgaben der Sozialen Arbeit

In der Quintessenz liegen die unterschiedlichen Akzente der vorgetragenen Stimmen in der Erfassung der politischen Aufgaben der Sozialen Arbeit darin, bestehende gesellschaftliche Verhältnisse und Regelungen zur sozialen (Existenz-)Sicherung fortlaufend zu analysieren, Veränderungsbedarfe zu identifizieren und gestaltend auf die Rahmenbedingungen einzuwirken. Dieses Unterfangen ist keineswegs ausweglos, wie jüngste Beispiele erfolgreicher politischer Einflussnahme im Umfeld der Sozialen Arbeit zeigen. Zu erwähnen ist die Entwicklung der Schuldenberatung und der Privatinsolvenz, die auf entscheidende Impulse der Sozialen Arbeit aus dem Bereich der Bewährungshilfe und ersten erfolgreichen Modellversuchen in den 1970er Jahren zurückzuführen ist (vgl. Ansen 2018, 24f.). Auch die Weiterentwicklung der Wohnungslosenhilfe, die in ihren Anfängen von Ausgrenzung, Unterdrückung und Verfolgung gekennzeichnet ist, hin zu einem mittlerweile bürger- und gemeindenahen Unterstützungssystem wäre ohne die Soziale Arbeit und ihre Verbände sowie die Kooperation mit den Betroffenen nicht möglich gewesen (vgl. Lutz, Simon & Sartorius 2021, 253f.). Schließlich ist auf Urteile des Bundesverfassungsgerichts hinzuweisen, die zu Verbesserungen im System des SGB II geführt haben, u. a. durch die Begrenzung von finanziellen Sanktionen auf maximal 30 Prozent, um die Würde des Menschen nicht vollends zu gefährden (vgl. das Urteil über Sanktionen im Sozialrecht vom 5. November 2019, das auf eine Vorlage des Sozialgerichts Gotha zurückgeht, das die Klage eines Leistungsberechtigten zu behandeln hatte). Die Beispiele ließen sich fortsetzen, sie zeigen, dass sich politischer Einsatz zur Verbesserung der Lebensbedingungen der Adressat:innen und der Arbeitsbedingungen der Sozialen Arbeit allemal lohnt. Zu fragen ist abschließend, wie entsprechende Schritte im Rahmen einer sich politisch verstehenden Sozialen Arbeit aussehen könnten.

Analog zur Notwendigkeit der Weiterentwicklung der Sozialpolitik können für dieses Politikfeld entwickelte Modellvorstellungen auf die Soziale Arbeit übertragen werden. Drei Schritte sind zurückzulegen, um Einfluss auf die Ausgestaltung der sozialen Infrastruktur zu nehmen. Erstens kommt es darauf an, die Problemlösungsdringlichkeit zu unterstreichen. Dies erfolgt durch Hinweise auf ungelöste Probleme und Bedarfe, die vordringlich anzugehen sind, um Schaden von Betroffenen abzuwenden und soziapolitische Anliegen zu verwirklichen. Ins Spiel gebracht werden u. a. handlungsleitende Ziele und Wertvorstellungen der Sozialpolitik, die ohne lösungsorientierte Maßnahmen in Gefahr geraten. An die Problemlösungsdringlichkeit schließt zweitens die Problemlösungsfähigkeit an. Aufgezeigt wird, dass Mittel und Instrumente für die Lösung der dringlichen Probleme zur Verfügung stehen, diese müssen nur eingesetzt werden. Die Soziale Arbeit mit ihren vielfältigen Interventionsangeboten zählt zu den Mitteln, die bei einer ausreichenden Finanzierung und angemessenen gesetzlichen Grundlagen eingesetzt werden können. Drittens geht es um die Problemlösungsbereitschaft auf der Grundlage zu lösender Probleme und infrage kommender Interventionen. Ausschlaggebend sind Entscheidungen der politisch zuständigen Akteure über den Ressourceneinsatz, häufig bei konkurrierenden Ressourcenwünschen weiterer Gruppen der Bevölkerung. Die Qualität der Argumente ist eine Determinante für die Förderung der Problemlösungsbereitschaft (vgl. Althammer & Lampert 2014, 144f.). Die drei Schritte liefern der Sozialen Arbeit für ihre politischen Aktivitäten in Bezug auf die Weiterentwicklung der sozialen Infrastruktur einen strukturierten Rahmen, in dem sie Hinweise auf Ansatzpunkte für Analysen und Interventionen findet. Für die inhaltliche Ausgestaltung dieses Rahmens bieten sich u. a. die folgenden methodischen Schritte an:

- Zunächst ist zu klären, wer in politische Strategien der Sozialen Arbeit einbezogen werden soll. Vorrangig sind die Adressat:innen und

Betroffenenorganisationen, Berufsverbände, Fachverbände und Wohlfahrtsverbände neben den unmittelbaren Trägern der Dienste und Einrichtungen der Sozialen Arbeit und immer auch die Fachkräfte je nach Ausgangslage zu beteiligen.
- Anliegen der Sozialen Arbeit werden gegenüber öffentlichen Trägern, Ausschüssen, Gremien, Ämtern der Kommune etc. kommuniziert. Die Wahl der geeigneten Adresse ist mitentscheidend für den Erfolg sozialarbeitspolitischer Interventionen.
- Argumente, Vorschläge und Forderungen haben besonders dann eine Chance auf Gehör, wenn sie wissenschaftlich begründet, fachlich und ethisch fundiert und in der Kommunikation klar strukturiert und verständlich vorgebracht werden.
- Inhaltlich aussagefähig ist die Soziale Arbeit insbesondere dann, wenn ihre Einlassungen auf einem Monitoring basieren, in dem soziale Probleme ebenso beobachtet werden wie die Entwicklung politischer Inhalte und Diskurse, der Entscheidungsstrukturen und der Prozessabläufe im politischen Raum.
- Die Durchsetzungskraft wird erhöht, wenn gezielt Kooperationen mit anderen sozialen Akteuren im Zusammenhang mit einer Netzwerkarbeit aufgebaut werden, auf die im Bedarfsfall wechselseitig zurückgegriffen wird.
- Bedeutsam ist darüber hinaus eine kontinuierliche Öffentlichkeitsarbeit, die für eine ständige Präsenz der Sozialen Arbeit sorgt und damit Einflussmöglichkeiten auf Diskurse eröffnet. In besonderen Fallkonstellationen dienen Öffentlichkeitskampagnen auch dazu, Entwicklungen zu skandalisieren und Druck aufzubauen (vgl. Rieger 2021, 774f.).

Politisches Handeln der Sozialen Arbeit zur Beeinflussung der Strukturen findet mit diesem systematisch aufgebauten Wissen und den organisierten Strukturen auf unterschiedlichen Ebenen statt, die von Ad-hoc-Kontakten der Sozialen Arbeit über Beratungsgespräche, Gremienarbeit, Stellungnahmen und Gutachten bis zu Präsentationen und Forschungen reichen (vgl. Rieger 2018, 1161). Die Umsetzung erfordert ein politisches Selbstverständnis im sozialarbeiterischen Handeln, ob auf der Fall- oder auf der Strukturebene.

6 Ausblick

Menschen sind in ihrem Leben immer wieder in unterschiedlicher Intensität und Dauer auf Unterstützung, teilweise auch in stellvertretender Form, angewiesen. Die Soziale Arbeit sollte diesem Hintergrund in ihren theoretischen und methodischen Zugängen Rechnung tragen. Sozialanwaltschaft als ergänzende Perspektive ist insofern integraler Bestandteil der Sozialen Arbeit, der eine weitere Ausbuchstabierung mit Blick auf ganz unterschiedliche Arbeitsfelder gut vertragen kann. Die vorliegenden Überlegungen sind als ein erster Aufschlag in diese Richtung zu verstehen. Sie bleiben an vielen Stellen noch vorläufig, u. a. bieten sich für Vertiefungen die folgenden Punkte besonders an.

Die in Kapitel 2 präsentierten Hinweise auf die sozialstaatlichen Rahmenbedingungen und bestehende Spielräume für die Soziale Arbeit sollten theoretisch, empirisch und methodisch vertieft werden. Dass die Soziale Arbeit über eine fallbezogen eigenständige Position verfügt, ist heute nicht mehr umstritten. Zu klären ist in weiteren Arbeiten, welchen Einfluss die Soziale Arbeit auf die Weiterentwicklung des Sozialstaats ausüben kann. Ihre bisherigen Impulse könnten systematisch rekonstruiert werden, um freizulegen, unter welchen Bedingungen und mit welchen Strategien von der Sozialen Arbeit eine Antriebskraft für die problembezogene Ausgestaltung des Sozialstaats entfaltet werden konnte und wie diese für künftige Initiativen genutzt werden können. Eine solche Herangehensweise ist nicht nur ein Beitrag zur Optimierung des bestehenden Systems. Vorstellbar sind auch Reformvorschläge, die über das System hinausführen, beispielsweise in Bezug auf Alternativen zur bestehenden Grundsicherung nach dem SGB II unter der Maßgabe, ein responsives System zu entwickeln, das viel stärker als das bestehende Regelwerk auf die Lebenslagen und die Handlungsmöglichkeiten der Adressat:innen eingeht. Die Soziale Arbeit kann in diesem Bereich auf eine besondere Expertise über die Lebensumstände der Adressat:innen zurückgreifen, mit denen sie eng zusammenarbeitet. Dieses Wissen mit Vorschlägen für angemessene Formen der sozialstaatlichen Unterstützung zu verknüpfen verspricht instruktive Anregungen.

Die Infragestellung des Rechts auf Unterstützung mit zuweilen fadenscheinigen Argumenten oder ideologischen Aussagen, wie sie in Kapitel 3 aufgenommen wurden, fordert die Soziale Arbeit besonders heraus. Das Thema ist keineswegs neu, wie die Geschichte der Sozialen Arbeit lehrt. Interessant wäre es, die langjährigen Versuche, Soziale Arbeit immer wieder zu diskreditieren, systematisch nachzuvollziehen, um Kontinuitäten und Brüche herauszuarbeiten. Ebenso wichtig ist es, nach Wegen einer offensiven Gegenstrategie zu suchen. Die Soziale Arbeit wirkt teilweise verzagt und passiv im Umgang mit Kräften, die sie für entbehrlich halten, zumindest im bestehenden Umfang. Ins Feld geführt werden im Zusammenhang mit der Infragestellung des Rechts auf Unterstützung u. a. Fragen nach der Wirksamkeit der Sozialen Arbeit, die von simplifizierenden Kausalvorstellungen ausgehen, oder Fragen nach der politischen Opportunität, verbunden mit der Vorstellung, Soziale Arbeit habe lediglich sozialstaatliche Vorgaben auszuführen, diese aber nicht zu hinterfragen. Nötig ist ein politisches Selbstverständnis der Sozialen Arbeit, aus dem Mandate für die Vertretung der Interessen ihrer Zielgruppen und für die Sicherung und Herstellung von Arbeitsbedingungen abgeleitet werden, die es der Sozialen Arbeit erlauben, ihre Potenziale zur Geltung zu bringen. Lässt sich die Soziale Arbeit auf Rahmenbedingungen ein, die es ihr nicht ermöglichen, fachlich angemessene Formen der Unterstützung zu gestalten, spielt sie jenen Kräften in die Hände, die sie in ihrer gegenwärtigen Form für überzogen halten. In diese Falle sollte die Soziale Arbeit auf keinen Fall tappen, eine fortgesetzte Auseinandersetzung mit dem öffentlichen Diskurs über ihre Leistungen und Angebote ist dafür unentbehrlich.

An den in Kapitel 4 entwickelten Vorschlag, wie ein zeitgemäßes theoretisch fundiertes Unterstützungsverständnis aus der Sicht der Sozialen Arbeit aussehen könnte, ließe sich mit weiteren theoretischen Zugängen anschließen, die hier nicht aufgenommen wurden. In der fachlichen Diskussion kommt es darauf an, die eher generalistische Ausrichtung der

Überlegungen dann auf einzelne Arbeitsfelder zu übertragen. Dieser Schritt erfordert einen transformatorischen Umgang mit den Unterstützungsvorstellungen. Überdies ist ein für unterschiedliche Zielgruppen akzeptables Unterstützungsangebot darauf angewiesen, auch akzeptiert zu werden. Die Forschung über den Gegenstandsbereich der Sozialen Arbeit einschließlich daraus abgeleiteter Angebote sollte partizipativ weitergeführt werden unter maßgeblicher Beteiligung der Nutzer:innen. Auf diesem Weg können Zugangsbarrieren zur Sozialen Arbeit abgebaut werden, die u. a. dann auftreten, wenn lebensweltliche Belange der Zielgruppen in den Angeboten nicht oder nur unzureichend aufgenommen werden.

Auch die in Kapitel 5 vorgetragenen Aspekte sozialanwaltlichen Handelns in der Sozialen Arbeit sind auf Weiterführungen angewiesen, insbesondere hinsichtlich der handlungsmethodischen Inhalte. Eine den historischen und den aktuellen Methodendiskurs integrierende Perspektive könnte zeigen, an welchen Punkten bisher bereits sozialanwaltliche Erwägungen angestellt wurden und werden und wie sich diese weiter aufbereiten lassen, um das Handlungsspektrum der Sozialen Arbeit in einem defensiven Sozialstaat zu erweitern, sei es durch die Integration einer sozialanwaltlichen Ausrichtung in bestehende Methoden oder die Entwicklung eines eigenständigen Ansatzes. Zu überlegen ist auch, wie die sozialanwaltlichen Ansätze auf der strukturellen Ebene für die Selbstvertretung der Sozialen Arbeit erschlossen werden können. Diese und weitere methodische Zugänge könnten die Grundlage für die angesprochene offensive Soziale Arbeit im Umgang mit sozialstaatlichen Rahmenbedingungen liefern.

Literatur

Albrecht, Günter & Groenemeyer, Axel (Hrsg.) (2012): Handbuch soziale Probleme (2. Aufl.). Wiesbaden, Springer VS

Alisch, Monika (2018): Sozialräumliche Segregation: Ursachen und Folgen. In: Huster, Boeck & Mogge-Grotjahn (Hrsg.), 503–523

Althammer, Jörg W. & Lampert, Heinz (2014): Lehrbuch der Sozialpolitik. Berlin, Springer VS

Anhorn, Roland (2020): Soziale Arbeit im Neoliberalismus. In: Otto, Hans-Uwe (Hrsg.), 85–108

Anhorn, Roland & Stehr, Johannes (Hrsg.) (2021): Handbuch Soziale Ausschließung und Soziale Arbeit, Wiesbaden, Springer VS

Ansen, Harald (2018): Soziale Schuldnerberatung. Prävention und Intervention. Stuttgart, Kohlhammer

Ansen, Harald (2018): Soziale Teilhabe – konzeptionelle Erwägungen für die Soziale Diagnostik. In: Buttner, Röh, Hochuli Freund & Gahleitner (Hrsg.), 152–162

Ansen, Harald (2018): Armut und Wohnungslosigkeit. In: Schäfer, Montag & Deterding (Hrsg.), 174–184

Armberst, Christian (2020): SGB XII § 1 (12. Aufl.). In: Bieritz, Harder, Conradis & Thie (Hrsg.): Sozialgesetzbuch XII

Aust, Andreas (2019): Armut trotz Prosperität. Befunde zur sozialen Ungleichheit in Deutschland auf der Grundlage der Paritätischen Armutsberichte. In: Sozialwissenschaftliche Literaturrundschau Heft 79, 98–106

Bäcker, Gerhard (2019): Armut und Sozialpolitik. In: Böhnke, Dittmann & Goebel (Hrsg.), 297–308

Bäcker, Gerhard et al. (Hrsg.) (2020): Sozialpolitik und soziale Lage in Deutschland. Wiesbaden, Springer VS

Bäcker, Gerhard (2020b): Soziale Dienste. In: Sozialpolitik und soziale Lage in Deutschland, 1087–1191

Bäcker, Gerhard (2019): Hartz IV »überwinden«. Bedingungsloses Grundeinkommen oder konkrete Reformpolitik. In: Stadler, Wolfgang (Hrsg.), 41–55

BAG-W Position (2010): Wohnungsnotfalldefinition der Bundesarbeitsgemeinschaft Wohnungslosenhilfe e. V., Bielefeld

BAG Wohnungslosenhilfe e. V. (o. J.): Position Wohnungsnotfalldefinition Bundesarbeitsgemeinschaft Wohnungslosenhilfe e. V., bagw.de/fileadmin/bagw/media/Doc/POS/POS_10_BAGW_Wohnungsnotfalldefinition.pdf (Aufruf: 12.08.2021)

Banerjee, Abhijit V. & Duflo, Esther (2012): Poor Economics. Plädoyer für ein neues Verständnis von Armut. München, Verlagsgruppe Random House

Bastian, Pascal (2017): Empowerment und Aktivierung. In: Kessl, Fabian et al. (Hrsg.), 242–252

Bateman, Niel (2008): Welfare Rights Practice. In: Davies, Martin (Hrsg.): The Blackwell Companion to Social Work. Great Britain, Blackwell Publishing, 148–157

Bauer, Petra (2017): Sorge und Fürsorge. In: Kessl, Fabian et al. (Hrsg.), 211–221

Becker, Irene (2016): Existenzminimum. In: Deutscher Verein für öffentliche und private Fürsorge (Hrsg.) Fachlexikon der Sozialen Arbeit (8. Aufl.). Frankfurt, Nomos, 273–274

Becker, Ulrich, Hockerts, Hans Günter & Tenfelde, Klaus (Hrsg.) (2010): Sozialstaat Deutschland. Bonn, Dietz

Berlit, Uwe-Dietmar, Conradis, Wolfgang & Pattar, Andreas (Hrsg.) (2019): Existenzsicherungsrecht (3. Aufl.), Baden-Baden, Nomos

Best, Norman, Boeck, Jürgen & Huster, Ernst-Ulrich (2018): Armutsforschung: Entwicklungen, Ansätze und Erkenntnisgewinn. In: Huster, Boeck & Mogge-Grotjahn (Hrsg.), 27–59

Bierhoff, Hans-Werner, Rohmann, Elke (2012): Helfer, Helfen und Altruismus. In: Albrecht, Günter & Groenemeyer, Axel (Hrsg.), 1332–1346

Bieri, Peter (2013): Eine Art zu leben. Über die Vielfalt menschlicher Würde. München, Hanser

Bieritz-Harder, Renate (2019): Menschenwürde und Existenzsicherung. In: Berlit, Conradis & Pattar (Hrsg.), 101–110

Boettcher, Arneven & Münder, Johannes (2021): SGB II § 1. In: Münder & Geiger (Hrsg.): SGB II – Grundsicherung für Arbeitssuchende (7. Aufl.)

Böhnisch, Lothar & Lösch, Hans (1998): Das Handlungsverständnis des Sozialbeiters und seine institutionelle Determination. In: Thole, Galuske & Gängler (Hrsg.), 367–382

Böhnisch, Lothar (2016): Der Weg zum sozialpädagogischen und sozialarbeiterischen Konzept Lebensbewältigung. In: Litau et al. (Hrsg.), 18–38

Böhnisch, Lothar (2018): Sozialpädagogik der Lebensalter (8. Aufl.), Weinheim, Basel, Beltz

Böhnisch, Lothar (2019): Lebensbewältigung. Ein Konzept für die Soziale Arbeit. Weinheim, Basel, Beltz

Böhnisch, Lothar & Schröer, Wolfgang (2012): Sozialpolitik und Soziale Arbeit. Weinheim, Basel, Beltz

Böhnisch, Lothar & Schröer, Wolfgang (2018): Sozialpolitik. In: Graßhoff et al. (Hrsg.), 429–440

Böhnke, Petra, Dittmann, Jörg & Goebel, Jan (Hrsg.) (2019): Handbuch Armut. Ursachen, Trends, Maßnahmen. Bonn, UTB
Böhnke, Petra & Link, Sebastian (2019): Armut, soziale Netze und Partizipation. In: Böhnke, Dittman & Goebel (Hrsg.), 247–257
Bommes, Michael & Scherr, Albert (2012): Soziologie der Sozialen Arbeit. Weinheim, Basel, Beltz Juventa
Bourdieu, Pierre (2015): Die verborgenen Mechanismen der Macht. Hamburg, VSA-Verlag
Braches-Chyrek, Rita (Hrsg.) (2015): Neue disziplinäre Ansätze in der Sozialen Arbeit. Opladen, Berlin, Toronto, Budrich
Bronfenbrenner, Urie (1979): Die Ökologie der menschlichen Entwicklung. Frankfurt, Fischer (amerik. Originalausgabe 1979)
Brückner, Margrit (2018): Care – Sorgen als sozialpolitische Aufgabe und als soziale Praxis. In: Otto, Hans-Uwe et al. (Hrsg.), 212–218
Brumlik, Micha (2004): Advokatorische Ethik. Zur Legitimation pädagogischer Eingriffe. Berlin, Wien, Philo-Verlag
Burmeister, Monika & Wohlfahrt, Norbert (2018): Wozu die Wirkung Sozialer Arbeit messen? Freiburg, Lambertus
Butterwegge, Christoph (2013): Krise und Zukunft des Sozialstaates (5. Aufl.). Wiesbaden, Springer VS
Butterwegge, Christoph (2019a): Die zerrissene Republik. In: Aus Politik und Zeitgeschichte 44/45, 4–9
Butterwegge, Christoph (2019b): Armut. Köln, PapyRossa Verlag
Buttner, Peter et al. (Hrsg.) (2018): Handbuch Soziale Diagnostik. Perspektiven und Konzepte für die Soziale Arbeit. Berlin, Lambertus
Cloos, Peter (Hrsg.) (2020): Soziale Arbeit als Projekt. Wiesbaden, Springer VS
Crouch, Colin (2018): Postdemokratie. Frankfurt, Suhrkamp
Dahme, Heinz-Jürgen & Wohlfahrt, Norbert (2017): Politische Ökonomie der Sozialen Arbeit. In: Kessl, Fabian et al. (Hrsg.), 116–123
Dallmann, Hans-Ulrich & Volz, Fritz Rüdiger (2013): Ethik in der Sozialen Arbeit. Schwalbach/Ts., Wochenschau Verlag
Datenreport 2021: Ein Sozialbericht für die Bundesrepublik Deutschland. Herausgeber: Statistisches Bundesamt und Wissenschaftszentrum Berlin für Sozialforschung. Bonn
Deinet, Ulrich et al. (Hrsg.) (2018): Potentiale des Aneignungskonzepts. Weinheim, Basel, Beltz Juventa
Dimmel, Nikolaus (2021): Sozialbürokratie und soziale Ausschließung. In: Anhorn & Stehr (Hrsg.), 1005–1023
Dingeldey, Irene (2015): Bilanz und Perspektiven des aktivierenden Wohlfahrtsstaates. In: Aus Politik und Zeitgeschichte 65, 33–40
Dippelhofer-Stiem, Barbara (2015): Das sozialökologische Modell. In: Hurrelmann & Bauer (Hrsg.), 251–266
Dörre, Klaus (2019): Ausschluss, Prekarität, (Unter-)Klasse – theoretische Konzepte und Perspektiven. In: Anhorn & Stehr (Hrsg.), 255–290

Eichenhofer, Eberhard (2019): Sozialrecht (11. Aufl.), Tübingen, Mohr Siebeck
Emcke, Carolin (2016): Gegen den Hass. Frankfurt, S. Fischer
Faulstich, Peter (2013): Menschliches Lernen. Eine kritisch-pragmatische Lerntheorie. Bielefeld, Transcript
Filipp, Sigrun-Heide & Aymanns, Peter (2018): Kritische Lebensereignisse und Lebenskrisen. Stuttgart, Kohlhammer
Föcking, Friederike (2010): Expertenwissen, Politikberatung und die Entstehung des Bundessozialhilfegesetzes 1961. In: Becker, Hockerts & Tenfelde (Hrsg.), 103–122
Foucault, Michel (1992): Was ist Kritik? Berlin: Merve Verlag
Fraser, Nancy (2015): Soziale Gerechtigkeit im Zeitalter der Identitätspolitik. Umverteilung, Anerkennung und Beteiligung. In: Fraser, Nancy & Honneth, Axel (Hrsg.) (2016): Umverteilung oder Anerkennung. Frankfurt, Suhrkamp, 13–129
Fraser, Nancy (2016): Die halbierte Gerechtigkeit. Schlüsselbegriffe des postindustriellen Sozialstaats. Frankfurt, Suhrkamp
Freire, Paulo (1998): Pädagogik der Unterdrückten. Reinbek, Rowohlt (zuerst 1971)
Gängler, Hans (2018): Hilfe. In: Otto, Hans-Uwe et al.: Handbuch Soziale Arbeit, 622–631
Gerhardt, Volker (2207): Partizipation. Das Prinzip der Politik. München, Verlag C. H. Beck
Giesecke, Hermann (1973): Offensive Sozialpädagogik, Göttingen (2. Aufl.), Vandenhoeck & Ruprecht
Gitterman, Alex (2017): Life Model of Social Work Practice. In: Turner: Social Work Treatment, 287–301
Gitterman, Alex & Germain, Carel B. (2008): The Life Model of Social Work Practice, New York, Columbia University Press
Global Definition of Social Work. Ifsw.org/what-is-social.work/global-definition-of-social-work (Aufruf am 22.05.2021)
Graßhoff, Gunter et al. (Hrsg.) (2018): Soziale Arbeit, Wiesbaden, Springer SV
Groenemeyer, Axel (2018): Soziale Probleme. In: Otto, Hans-Uwe et al. (Hrsg.), 1492–1507
Groh-Samberg, Olaf (2020): Ökonomische Ungleichheiten. Armut und Reichtum. In: Obinger & Schmidt (Hrsg.), Handbuch Sozialpolitik, 833–862
Grunwald, Klaus & Thiersch, Hans (Hrsg.) (2016): Praxishandbuch Lebensweltorientierte Soziale Arbeit. Weinheim, München, Beltz Juventa
Grzeszick, GG Art. 20. In: Maunz & Bürig, Grundgesetzkommentar. Werkstand: 93. EL Oktober 2020
Gubrium, Erika & Pellisery, Sony (2016): Antipoverty Measures. The Potential for Shaming and Dignity Building through Delivery Interactions. In: International Journal of Social Quality, Volume 6, Number 2, 1–17
Habermas, Jürgen (1985): Neue Unübersichtlichkeit. Frankfurt, Suhrkamp Verlag

Hauser, Richard: Das Maß der Armut: Armutsgrenzen im sozialstaatlichen Kontext. In: Huster, Boeck & Mogge-Grotjahn (Hrsg.), 149–178

Herriger, Norbert (2020): Empowerment in der Sozialen Arbeit. Stuttgart (6. Aufl.), Kohlhammer

Hillgruber GG Art. 1. In: Epping & Hillgruper: BeckOK Grundgesetz, 46. Ed., Stand 15.02.2021

Hinrichs, Knut (2020): Mit der Verteidigung des Rechtsanspruchs gegen Sozialreformen kämpfen? In: Otto, Hans-Uwe: Soziale Arbeit im Kapitalismus, Weinheim, Beltz Juventa, 164–181

Honneth, Axel (2001): Das Recht der Freiheit. Frankfurt, Suhrkamp Verlag

Hosemann, Wilfried & Geiling, Wolfgang (2013): Einführung in die Systemische Soziale Arbeit. München, Reinhardt Verlag

Hurrelmann, Klaus & Bauer, Ullrich (2015): Einführung in die Sozialisationstheorie. Weinheim, Basel, Beltz Juventa

Huster, Ernst-Ulrich, Boeckh, Jürgen & Mogge-Grotjahn, Hildegard (Hrsg.) (2018): Handbuch Armut und soziale Ausgrenzung (3. Aufl.). Wiesbaden, Springer VS

Kant, Immanuel (2001): Die Metaphysik der Sitten. Stuttgart, Reclam

Kaufmann, Franz-Xaver (1997): Herausforderungen des Sozialstaates. Frankfurt, Suhrkamp Verlag

Kaufmann, Franz-Xaver (2009): Sozialpolitik und Sozialstaat: Soziologische Analysen (3. Aufl.). Wiesbaden, VS Verlag für Sozialwissenschaften

Kaufmann, Franz-Xaver (2012): Konzept und Formen sozialer Intervention. In: Albrecht & Groenemeyer: Handbuch soziale Probleme, 1285–1305

Keller, Carsten (2019): Armut und Sozialraum. In: Böhnke, Dittmann, Goebel: Handbuch Armut. Ursachen, Trends, Maßnahmen, 258–267

Kersten, Jens, Neu, Claudia & Vogel, Berthold (2020): Politik des Zusammenhalts. Über Demokratie und Bürokratie. Bonn, Hamburger Edition

Kessl, Fabian et al. (Hrsg.) (2017): Soziale Arbeit – Kernthemen und Problemfelder. Opladen, Toronto, UTB

Keupp, Heiner (2018): Empowerment. In: Graßhoff, Gunter et al. (Hrsg.), 559–571

Kessl, Fabian (2018): Macht- und diskursanalytische Perspektiven. In: May & Schäfer: Theorien für die Soziale Arbeit, 107–127

Kramer & Trenk-Hinterberger (2020) SGB I § 1. In: dies. SGB II (4. Aufl.)

Kraus, Björn (2019): Relationaler Konstruktivismus – Relationale Soziale Arbeit. Weinheim, Basel, Beltz Juventa

Kreft, Dieter & Mielenz, Ingrid (Hrsg.) (2013): Wörterbuch Soziale Arbeit. Weinheim, Basel, Beltz Juventa

Lambers, Helmut (2018): Geschichte der Sozialen Arbeit (2. Aufl.). Regensburg, UTB

Lambers, Helmut (2013): Theorien der Sozialen Arbeit. Regensburg, UTB

Lampert, Thomas (2018): Soziale Ungleichheit der Gesundheitschancen und Krankheitsrisiken. In: Aus Politik und Zeitgeschichte 24/2018, 12–18

Langer, Inghard, Schulz von Thun, Friedemar & Tausch, Reinhard (2006): Sich verständlich ausdrücken. München und Basel, Ernst Reinhardt Verlag
Lauermann, Karin (2018): Freiheit. In: Otto, Hans-Uwe et al. (Hrsg.), 417–425
Lenz, Albert (Hrsg.) (2012): Empowerment. Tübingen, dgvt
Lenz, Albert (2012): Die Empowermentperspektive in der psychosozialen Praxis. In: Lenz (Hrsg.), 13–40
Lenzen, Dieter (Hrsg.) (2000): Erziehungswissenschaft. Ein Grundkurs. Reinbek, Rowohlt
Lepenies, Philipp (2017): Armut: Ursachen, Formen, Auswege. München, C. H. Beck
Lessenich, Stephan (Hrsg.) (2003): Wohlfahrtsstaatliche Grundbegriffe. Historische und aktuelle Diskurse. Frankfurt, New York, Campus
Lessenich, Stephan (2012): Theorien des Sozialstaats. Hamburg, Junius
Lessenich, Stephan (2019): Grenzen der Demokratie. Teilhabe als Verteilungsproblem. Stuttgart, Reclam
Lindenberg, Michael & Lutz, Tilman (2021): Zwang in der Sozialen Arbeit. Stuttgart, Kohlhammer
Litau, John et al. (Hrsg) (2016): Theorie und Forschung zur Lebensbewältigung. Weinheim, Basel, Beltz Juventa
Luhmann, Niklas (1979): Formen des Helfens im Wandel gesellschaftlicher Bedingungen. In: Otto & Schneider (Hrsg.), 21–43
Lutz, Ronald (2014): Soziale Erschöpfung. Kulturelle Kontexte sozialer Ungleichheit. Weinheim, Basel, Beltz Juventa
Lutz, Ronald, Simon, Titus & Sartorius, Wolfgang (2021): Lehrbuch der Wohnungslosenhilfe. Weinheim, Basel, Beltz Juventa
Maaser, Wolfgang (2015): Lehrbuch Ethik. Grundlagen, Problemfelder und Perspektiven (2. Aufl.). Weinheim, München, Beltz Juventa
Maaser, Wolfgang (2017): Das Mandat der Sozialen Arbeit. Auf dem Weg zu Professionalisierung und öffentlicher Kommunikation. In: Hoburg, Ralf (Hrsg.): Kommunizieren in sozialen und helfenden Berufen. Stuttgart, Kohlhammer, 188–200
Maio, Giovanni (2017): Mittelpunkt Mensch. Lehrbuch der Ethik der Medizin (2. Aufl.). Stuttgart, Schattauer
Margalit, Avishai (1999): Politik der Würde. Frankfurt, Suhrkamp
May, Michael & Schäfer, Arne (Hrsg.) (2018): Theorien für die Soziale Arbeit. Baden Baden, Nomos
Mayert, Andreas & Schendel, Gunther (2018): Armut, Stigmatisierung, Scham und Angst. In: Schäfer, Montag & Deterding (Hrsg.), 194–213
Meder, Norbert et al. (Hrsg.) (2009): Handbuch der Erziehungswissenschaft III/2. Paderborn, Schöningh
Mollenhauer, Klaus (1973): Erziehung und Emanzipation. München, Juventa
Mollenhauer, Klaus (1996): Kinder- und Jugendhilfe. In. Zeitschrift für Pädagogik 42. Jg., Heft 6, 869–885

Mollenhauer, Klaus (1998a): Vergessene Zusammenhänge. Weinheim, München, Juventa

Mollenhauer, Klaus (1998b): Was heißt »Sozialpädagogik«? In: Thole, Galuske & Gängler (Hrsg.), 307–322

Mollenhauer, Klaus (2000): Sozialpädagogische Einrichtungen. In: Lenzen, 447–477

Mollenhauer, Klaus & Münchmeier, Richard (2013): Integration, soziale. In: Kreft & Mielenz (Hrsg.), 452–454

Mollenhauer, Klaus & Münchmeier (2013): Richard: Individuum. In: Kreft & Mielenz (Hrsg.), 448–450

Mollenhauer, Klaus & Münchmeier, Richard (2013): Erziehungswissenschaft. In: Kreft & Mielenz (Hrsg.), 268–272

Müller, Burkhard (2017): Sozialpädagogisches Können. Ein Lehrbuch zur multiperspektivischen Fallarbeit. Überarbeitet und erweitert von Ursula Hochuli Freund. Freiburg, Lambertus

Mullaly, Bob & Dupré, Marilyn (2018): The New Structural Social Work. Ideology, Theory, and Practice (4. Aufl.). Oxford University Press Canada

Munsch, Chantal (2017): Öffentlichkeit und Einmischung. In: Kessl, Fabian et al. (Hrsg.), 160–172

Naake, Beate (2021): Rechtsverwirklichung. In: Amthor, Ralph et al. (Hrsg.): Wörterbuch Soziale Arbeit. Weinheim, München, Beltz Juventa, 693–694

Nell-Breuning, Oswald von (1990): Baugesetze der Gesellschaft. Freiburg, Herder

Nell-Breuning, Oswald von (1999): Das Subsidiaritätsprinzip. In: Theorie und Praxis der Sozialen Arbeit 6, 231–238

Nida-Rümelin (2001): Julian: Verantwortung. Stuttgart, Reclam

Niemeyer, Christian (2000): Hilfe. In: Lenzen (Hrsg.), 159–184

Nussbaum, Martha C. (2002): Konstruktion der Liebe, des Begehrens und der Fürsorge. Stuttgart, Reclam

Nussbaum, Martha (2016): Frontiers of Justice. Disability, Nationality, Species, Membership. Cambridge, London, Harvard University Press

Obinger, Herbert & Schmidt, Manfred G. (Hrsg.) (2019): Handbuch Sozialpolitik. Wiesbaden, Springer VS

Oelschlägel, Dieter (2013): Emanzipation. In: Kreft & Mielenz (Hrsg.), 239–241

Ortmann, Friedrich (2012): Organisation und Verwaltung des »Sozialen«. In: Thole, Werner (Hrsg.), 763–775

Otto, Hans-Uwe et al. (Hrsg.) (2018): Handbuch Soziale Arbeit (6. Aufl.). München, Reinhardt

Otto, Hans-Uwe & Schneider, Siegfried (Hrsg.) (1979): Gesellschaftliche Perspektiven der Sozialarbeit. Erster Halbband. Neuwied, Berlin, Luchterhand

Otto, Hans-Uwe et al. (Hrsg.) (2018): Handbuch Soziale Arbeit. Grundlagen der Sozialarbeit und Sozialpädagogik, München, Reinhardt

Otto, Hans-Uwe (Hrsg.) (2020): Soziale Arbeit im Kapitalismus: Gesellschaftstheoretische Verortungen – Professionelle Positionen – Politische Herausforderungen. Weinheim, Beltz Juventa

Otto, Hans-Uwe, Wohlfahrt, Arne & Ziegler, Holger (2020): Der pädagogische Wohlfahrtsstaat – Welfare Citizeship als Gegenstand Sozialer Arbeit. In: Cloos (Hrsg.), 235ff.
Papenheim, Heinz-Gert et al. (2018): Verwaltungsrecht für die soziale Praxis. Frankfurt, Fachhochschulverlag
Payne, Malcom (2014): Modern Social Work Theory. Houndmills, Basingstoke, Palgrave Macmillan
Plate, Markus (2021): Grundlagen der Kommunikation. Göttingen, Vandenhoeck & Ruprecht
Promberger, Markus (2017): Resilience among Vulnerable Households in Europe. Questions, Concepts, Findings and Implications. IAB-Discussion Paper 12
Reckwitz, Andreas (2019): Das Ende der Illusionen. Politik, Ökonomie und Kultur in der Spätmoderne. Frankfurt, Suhrkamp
Rieger, Günter (2018): Politikberatung. In: Otto, Hans-Uwe et al. (Hrsg.), 1159–1165
Rieger, Günter (2019): Sozialarbeitspolitik und Soziallobbying. In: Grunwald, Klaus & Langer, Andreas (Hrsg.): Sozialwirtschaft. Handbuch für Wissenschaft und Praxis. Baden Baden, Nomos, 769–780
Rieger, Günter (2021): Anwaltliches Handeln. In: Amthor, Ralph et al. (Hrsg.): Wörterbuch Soziale Arbeit. Weinheim, München: Beltz Juventa, 69–71
Röh, Dieter (2013): Soziale Arbeit, Gerechtigkeit und das gute Leben. Eine Handlungstheorie zur daseinsmächtigen Lebensführung. Wiesbaden, Springer VS
Röh, Dieter (2016): Soziale Arbeit, Gerechtigkeit und das gute Leben. Eine Handlungstheorie zur daseinsmächtigen Lebensführung auf Basis des Capabilities Approach. In: Borrmann, Stefan et al. (Hrsg.): Die Wissenschaft Soziale Arbeit im Diskurs. Auseinandersetzung mit den theoriebildenden Grundlagen Sozialer Arbeit. Opladen, Berlin, Toronto, Budrich, 217–232
Sachße, Christoph (2003): Subsidiarität: Leitmaxime deutscher Wohlfahrtsstaatlichkeit. In: Lessenich, Stephan (Hrsg.), 191–214
Sandermann, Philipp & Neumann, Sascha (2018): Grundkurs Theorien der Sozialen Arbeit. München, UTB
Schäfer, Gerhard K., Montag, Barbara & Deterding, Joachim (Hrsg.) (2018): »Arme habt ihr immer bei euch« Armut und soziale Ausgrenzung wahrnehmen, reduzieren, überwinden. Göttingen, Vandenhoeck & Ruprecht
Schiller, Hans-Ernst (2011): Ethik in der Welt des Kapitels. Zu den Grundbegriffen der Moral. Springe, Klampen-Verlag
Schmidbauer, Wolfang (2018): Hilflose Helfer. Über die seelische Problematik der helfenden Berufe. Reinbek, Rowohlt
Schmid Noerr, Gunzelin (2018): Ethik in der Sozialen Arbeit. Stuttgart, Kohlhammer
Schnurr, Stefan (2018): Partizipation. In: Otto, Hans-Uwe et al. (Hrsg.), 1126–1137
Schnurr, Stefan (2018): Partizipation. In: Graßhoff, Gunter et al. (Hrsg.), 631–648

Schönig, Werner (2013): Soziale Arbeit als Intervention und Modus der Sozialpolitik. In: Benz, Benjamin et al. (Hrsg.): Politik Sozialer Arbeit. Bd. 1: Grundlagen, theoretische Perspektiven und Diskurse. Weinheim, Basel, Beltz Juventa, 32–53

Schütz, Alfred & Luckmann, Thomas (2003): Strukturen der Lebenswelt. Konstanz, UTB

Schwarze, Uwe & Mittelstät, Kathrin (2018): »Cash und Care« – Entwicklungspfade der Sozialhilfe zwischen materieller Grundsicherung und personenbezogenen sozialen Diensten. In: Archiv für Wissenschaft und Praxis der Sozialen Arbeit 4, 4–19

Schweppenhäuser, Gerhard (2021): Grundbegriffe der Ethik. Ditzingen, Reclam

Seckinger, Mike (2018): Empowerment. In: Otto, Hans-Ulrich et al. (Hrsg.), 307–314

Seibel, Wolfgang (2017): Verwaltung verstehen. Eine theoriegeschichtliche Einführung. Frankfurt, Suhrkamp

Seithe, Mechthild (2012): Repolitisierung und sozialpolitische Einmischung Sozialer Arbeit. In: Panitzsch-Wiebe et al. (Hrsg.): Einführung in die Systemtheorie des Konflikts. Heidelberg, Carl-Auer

Spellerberg, Annette & Giehl, Christoph (2019): Armut und Wohnen. In: Böhnke, Dittmann & Goebel (Hrsg.), 270–281

Spindler, Helga (2019): Der aktivierende Sozialstaat und sein Verhältnis zur Existenzsicherung. In: Berlit, Conradis & Pattar (Hrsg.), 74–87

Spindler, Helga (2019): Beratung, Unterstützung und persönliche Hilfe. In: Berlit, Conradis & Pattar (Hrsg.), 282–293

Stadler, Wolfgang (Hrsg.) (2019): Theorie und Praxis der Sozialen Arbeit – Sonderband 2019: Keine Zukunft ohne Soziale Arbeit. Weinheim, München, Beltz Juventa

Staub-Bernasconi, Silvia (2018): Soziale Arbeit als Handlungswissenschaft (2. Aufl.). Opladen, Toronto, Budrich

Staub-Bernasconi, Silvia (2019): Menschenwürde – Menschenrechte – Soziale Arbeit. Die Menschenrechte vom Kopf auf die Füße stellen. Opladen, Toronto, Budrich

Staub-Bernasconi, Silvia (2018): Soziale Probleme, Soziale Arbeit und Systemisches Paradigma. Auf dem Weg zur Sozialen Arbeit als kritische Profession. In: May & Schäfer (Hrsg.), 59–84

Steuerwald, Christian (2018): Soziale Mobilität. In: Huster, Boeck & Mogge-Grotjahn (Hrsg.), 203–223

Stimmer, Franz & Ansen, Harald (2016): Beratung in psychosozialen Arbeitsfeldern. Grundlagen –Prinzipien – Prozess. Stuttgart, Kohlhammer

Straßburger, Gaby & Rieger, Judith (Hrsg.) (2019): Partizipation kompakt. Weinheim, Basel: Beltz Juventa

Teater, Barbara (2020): An Introduction to Applying Social Work Theories and Methods. London, Open University Press

Terhard, Ewald (2019): Didaktik. Eine Einführung. Stuttgart, Reclam

Thieme, Nina (2017): Hilfe und Kontrolle. In: Kessl, Fabian et al. (Hrsg.), 17–24

Thiersch, Hans (2020): Lebensweltorientierte Soziale Arbeit revisited. Grundlagen und Perspektiven. Weinheim, Basel, Beltz Juventa

Thole, Werner, Galuske, Michael & Gängler, Hans (Hrsg.) (1998): KlassikerInnen der Sozialen Arbeit. Neuwied, Kriftel, Luchterhand

Thole, Werner (Hrsg.) (2012): Grundriss Soziale Arbeit (4. Aufl.). Wiesbaden, Springer VS

Timm, Kunstreich (Hrsg.) (2014): Politik der Sozialen Arbeit – Politik des Sozialen. Opladen, Berlin, Toronto, Budrich

Turner, Francis J. (2017): Social Work Treatment. Interlocking Theoretical Approaches (6. Aufl.). New York, Oxford University Press

Übersicht über das Sozialrecht. Ausgabe 2019/2020, hrsg. vom Bundesministerium für Arbeit und Soziales. Nürnberg 2019

Urban-Stahl, Ulrike (2018): Advocacy (Anwaltschaft). In: Graßhoff, Gunter et al. (Hrsg.), 473–484

Wagner, Thomas (2017): Partizipation. In: Kessl, Fabian et al. (Hrsg.), 43–52

Walwei, Ulrich (2019): Hartz IV – Gesetz, Grundsätze, Wirkung, Reformvorschläge. In: Aus Politik und Zeitgeschichte 44/45, 12–21

Weber, Max (1972): Wirtschaft und Gesellschaft. Tübingen, Mohr Siebeck

Wehler, Hans-Ulrich (2013): Die neue Umverteilung. Soziale Ungleichheit in Deutschland. München, C. H. Beck

Wilkinson, Richard & Pickett, Kate (2018): The Inner Level. How more Equal Societies Reduce Stress, Restore Sanity and Improve every one's Well-Being. London, Penguin

Winkler, Michael (1988): Eine Theorie der Sozialpädagogik. Stuttgart, Klett-Cotta

Winkler, Michael (2009): Der pädagogische Ort. In: Meder, Norbert et al. (Hrsg.), 581–620

Winkler, Michael (2015): Soziale Arbeit und Sozialpädagogik in der Moderne. In: Braches-Chyrek, Rita (Hrsg.), 199–226

Winkler, Michael (2018a): Erziehungs- und Bildungsziele. In: Otto, Hans-Uwe et al. (Hrsg.), 348–360

Winkler, Michael (2018b): Kleine Phänomenologie der Aneignung. In: Deinet, Ulrich et al. (Hrsg.), 176–210

Wrase, Michael et al. (2021): Gleicher Zugang zum Recht. (Menschen-)Rechtlicher Anspruch und Wirklichkeit. In: Aus Politik und Zeitgeschichte 37, 48–54

Ziegler, Holger (2018): Capabilities Approach. In: Graßhoff, Gunter et al. (Hrsg.), 357–367

Ziegler, Holger (2021): Paternalismus und Citizenship. In: Sozial Extra 4, 241–244